鎌倉幕府の真実

Hongo Kazuto

本郷和人

産経セレクト

S-030

はじめに

日本の前近代史はぬるい、というのが、ぼくの持論の一つです。同じ東アジアでも中国ならば、政争に敗れると「一族」どころか「九族みな殺し」（九親等まで）等の残虐な措置が頻繁にとられています。ヨーロッパとなると、政治に神の問題が絡み、異教徒との戦いは言うに及ばず、異端審問や魔女裁判などで多くの血が流れました。また国境線が容易に動く地域では他の民族との争いが絶え間なく続き、無辜《むこ》の民の生命・財産が奪われ、学術・美術の貴重な成果が破壊されました。

これに対し我が国は、他国からの侵掠《しんりゃく》を受けませんでしたので、社会組織や文化の破壊は経験しないで済みました。イエスかノーかを厳しく問い詰めてくる一神教がありませんでしたから、科学の発達こそ十分ではなかったかもしれませんが、信仰する神が異なるから血が流れる、という惨事からは距離を取ることができました。

こうしたゆるい流れが基底にあったためか、中央政治の抗争も、他国と比べて緩やかでした。平安時代にはとりあえず死刑はありませんでしたし、貴族の争いは命のやりとりとは無縁でした。菅原道真は左遷されたことに憤慨し、雷光で政敵を打ちました（と人々はイメージしました）が、左遷された大宰権帥《だざいごんのそち》という地位は、九州の国司（現在の県知事）たちを統轄する総支局長です。何もそんなに怒らなくても、と思ってしまいますが、当時の生温かい政界の様子からすると、この人事はたいへんな屈辱だったのでしょう。

これに比して、前近代史でも例外的に凄惨だったのが、鎌倉時代前期の抗争です。源氏と平氏の戦い。これは新しい政権が誕生する際の争いで、他の時代にも見られるものです。湊川の戦いや青野原《あおのがはら》の戦いを経ての室町幕府の安定、関ケ原の戦いを踏まえての江戸幕府の開設、戊辰戦争からの明治新政府、というところです。

ところが、一応は政権として樹立されたあとも、鎌倉幕府は激震を続けました。源頼朝による、同族たる源氏の排除。上総広常《かずさひろつね》ら、功臣の粛清。一方的な、奥州藤原氏の征伐。頼朝没後の有力者による主導権争い。源氏将軍家の抹殺。そしてついに、朝廷＝上皇との全面衝突。こうした争いのたびに戦いが起き、犠牲者が生じ、結局のところ勝ち残ったのが、頼朝の妻・政子の実家である北条氏でした。なぜかくも陰惨な闘争が続いたのか。それは全く新しい「武家の政権」が未熟だったからに他なりません。たとえば時が移って江戸時代であれば、幕府内の勢力争いが顕在化しても、敗者は死罪にはなりませんでした。2代将軍・秀忠暗殺の嫌疑をかけられた本多正純《ほんだまさずみ》ですら、横手（秋田県）への配流《はいる》で済まされています。鎌倉前期であれば、口封じもかねて、一族みな殺しだと思います。それだけ幕府という組織が成長し、余裕をもてるようになったのでしょう。

それに比べて鎌倉幕府はすべてに於《お》いて苛酷です。政権担当者に自信がないから、敗者に必要以上に厳しかったのでしょう。しかし現代のぼくたちにしてみれば、その抗争を追うことにより、武家政権の本質を探ることが可能になります。本書の前半は、戦国時代や幕末維新の動乱に比べるとなじみのうすい鎌倉時代前期についてまとめてみました。いま述べたような視点をもって、読んで戴《いただ》ければ幸いです。

本書後半は史料（歴史資料）論です。去年（2022年）の大河ドラマ『鎌倉殿の13人』をめぐる研究者たちの議論を聞いていて感じたのですが、最近の歴史研究者は、史料中でもっとも信頼性の高い古文書《こもんじょ》と日記、とくに古文書の読解力が明らかに落ちています。これを分かりやすく解説するのは容易ではありませんが、一つの試みとして、分かりやすさを旨として書いてみました。史料の世界を体感して戴ければうれしく思います。

鎌倉時代といい、史料の紹介といい、今回はちょっといつもと異なるテイストでお送りします。お楽しみ下さい。

鎌倉幕府の真実

◎目次

はじめに　3

第1章　鎌倉時代の武士の謎
源氏の一族・平賀氏とは　14
頼朝から重用され一門の筆頭に　18
大内氏が「七カ国守護」の訳　23
頼朝から愛された「暴れん坊」　28
合戦の「兵数」を吟味する　33
「実朝の首」はどこに消えた？　38
実朝が見た「母・北条政子」像　43

第2章　鎌倉幕府を分析してみた
「文書のかたち」は変えられない　50

整合性のとれた説をつくるために　55
大内・平賀の拠点を奪った伊賀氏　59
梶原景時＝石田三成？　64
なぜ景時が弾劾を受けることになったのか　68
人物の「特質」に焦点　73
「武士政権」3パターン　78
『吾妻鏡』が書かない「粛清劇」　83
頼朝は朝廷に近づきすぎた　88

第3章　人物像を掘り下げる

「武士の鑑」畠山重忠が悪役に？　94
文武両道の武人だった梶原景時　98
名将・韓信と義経の違い　103
義経の勝利は幸運だっただけ？　108
大将は自ら突撃しないはず　112

戦争にも「禁じ手」はある　117
頼朝が最も信頼した一族　122
なぜ安達盛長は北条に鞍替えしたのか　127

第4章　古文書抜きに日本史は語れない

歴史研究者に向くタイプ　134
文書の出し方にも身分あり　139
中世文書は「形式」が重要　143
古文書は応用がきく　148
受取人のヒントは二重敬語にあり　153
貴族がキレる「超越《ちょうおつ》」　158
異例の手紙が示す朝幕関係　163

第5章　「実証」と「推測」

書き間違えこそ本物の証？　170

鎌倉幕府の草創担った文官　175
下文の数奇な運命　179
あなたたちの「実証」とはつまらないものなんだな　184
ガンプラ転売に思う「倫理」　189
部下を「下げつつ上げた」頼朝　193

第6章　歴史研究者を悩ませる「自作自演」

後醍醐天皇が部下になりきった？　200
文書一枚が発想の転換の端緒に　204
歴史研究者を悩ませる天皇直筆の「自作自演」　209
忘却の大学者・平泉澄の「大発見」　214
権力者の私宅＝役所？　219
一筋縄ではいかない事情　224

装　丁　神長文夫＋柏田幸子
ＤＴＰ　荒川典久
本文写真　断りのないものは産経新聞社
帯写真　産経新聞社

第1章　鎌倉時代の武士の謎

源氏の一族・平賀氏とは

ぼくは自称「日本一、日本史が好きな研究者」です。20歳の時に本格的に歴史学を学び始めて爾来《じらい》40年、日本史に飽きた、ということがない。おかげさまで毎日、楽しく日本史の勉強を続けることができています。

歴史が好き、と一口にいっても、興味のある対象は人それぞれ。国家システムの解明に挑戦し続ける人、庶民の暮らしの復元に挑む人、昔の人の美意識を探究する人。ぼくの場合は、歴史上の人間に興味がある。人付き合いが下手で現実の人間とうまくやれない分、過去の人間との対話を楽しみたいのかもしれません。

ですので、ぼくが「よし！　われながら良くできたぞ！」と自身の研究成果に手応えを感じる瞬間というのは、これまであまり知られていなかった人間に光を当て、彼らの歴史的立ち位置に言及できたときです。本項では、口はばったい言い方をすると、ぼくがその存在と活躍を発見した源氏の一族、平賀氏についてお話ししようと思います。

長野県軽井沢は日本を代表する避暑地ですが、あの地域は自然食の宝庫としても知られています。歴史と伝統がなければ食文化は育ちませんので、諏訪地方などとともに、古くから開発が進んでいた土地柄なのだと推察されます。

南北朝時代、この地には伴野荘《ともののしょう》という荘園がありました。大徳寺領でしたが、建武２（１３３５）年の年貢高が驚異の８千貫！　鎌倉時代で年貢高５００貫といえば、その荘園は広大であると目される。これはあくまでぼくの実感にすぎませんが、有名な御家人の本領の広さは、中央値が２００貫くらいでしょうか。たとえば肥前国神崎荘といえば、有明海に面していて、広大で肥沃《ひよく》な荘園として有名です。荘域にはあの吉野ケ里遺跡も含まれます。平家はこの荘園を入手し、日宋貿易の拠点にしました。まさに要地。その神崎荘の年貢が３千貫。伴野荘の数字がけた違いであることがお分かりでしょう。

鎌倉時代までの武士は、丘陵地を好んで開発しています。関東平野でも濃尾平野でも、地図帳を広げて黄緑色の平野部は敬遠される。土地が低いので、しばしば水浸しになるということらしい。防御面でも弱い。少し山あい、秩父であるとか、土岐・多治見地方に人気が集まり、武士の本場として選ばれ、開発が進む。軽井沢周辺もそういうことなのかなと、ぼくの思考はそこでずっと止まっていましたが、先日、急に閃《ひらめ》いた。そうか、馬だ。

日本列島で馬というと、第1が陸奥の馬、第2が信濃の馬。とくに軽井沢近くの望《もち》月《づき》は「望月の駒」として馬の名産地です。馬1頭は高級車と同じ値段で取引された。つまり1頭だけで600万から800万円。この名馬を全国に送り出すセンターとして機能していたから、伴野荘はこの上なく富裕だったのではないか。

そしてこの伴野荘にあたる地を本拠としていたのが、平賀氏なのです。源氏のスーパースター・八幡《はちまん》太郎義家の弟である新羅《しんら》三郎義光は、茨城北部、福島南部に勢力圏を築きました。彼の嫡流は北常陸の佐竹氏。また、彼の子たちは甲斐の南部と信濃の辺りにも進出し、武田家や平賀家になっていきます。

その一人である平賀義信は、尾張源氏の八島重成とともに、『平治物語』に源義朝の「従子《じゆうし》」として登場します。「従子」という聞き慣れぬ言葉が何を指すかは正確には分かりませんが、源氏一族のうちでも近しい者、くらいの意味ではないでしょうか。

ご存じのように平治の乱（1159年）で、義朝は平清盛に敗れ、再起を図るために関東目指して逃げ出しました。この時の義朝一行は、義朝と子供たち、すなわち義平・朝長・頼朝、それに義朝の腹心・鎌田正清、「従子」たる義信と重成、力自慢の金王丸《こんのうまる》、八幡太郎義家の末子・源義隆。このうちまず比叡山の僧兵に襲われて義隆が落命。ついで頼朝がはぐれます（すぐに捕縛され、伊豆へ流罪）。一行はなんとか美濃の青墓宿《あおはかのしゅく》にたどり着きますが、ここで重傷を負っていた朝長が自害。義平は兵を集めるために北陸へ（のち捕らえられ処刑）。そこに敵が襲ってきて、脱出を図るも重成が戦死。

4人になった一行は、正清の舅《しゅうと》である知多半島の長田忠致《おさだただむね》の屋敷に逗留《とうりゅう》しますが、忠致は恩賞に目がくらんで義朝と

◆平賀と戦った武田信玄

信玄の父、信虎は甲斐一国をおおよそ平定した後、信濃に出兵した。このとき、甲府から西北に進み、現在キャベツやレタス栽培で知られる野辺山高原を通って佐久へ侵攻した。ここで武田軍と対峙したのが、海ノ口城の平賀源信（玄心、源心とも）であった。『甲陽軍鑑』によれば、初陣の信玄が知謀を働かせて源信を討ち取ったという。源信は大井氏の一族というから、鎌倉時代の平賀氏の遠い親戚。なお江戸時代の平賀源内は源信の子孫を称したという（伝武田信玄晴信像、東京大学史料編纂《へんさん》所《じょ》所蔵模写）。

正清を殺害。義信と金王丸は囲みを破って脱出。義信はなんとか平賀の地に帰り着いたと思われます（金王丸のその後は不明。義経を襲った土佐房昌俊《とさのぼうしょうしゅん》になったという説あり）。

平家全盛の世にあって、平賀義信がどうしていたのかは史料がありません。やがて頼朝が挙兵し、踵《きびす》を接して、木曽義仲が立ち上がった。平家は義仲を討ち取るために越後の城《じょう》氏に出陣を命じます。城氏の大軍を、義仲は横田河原（ほぼ後の川中島）に迎え撃ち、勝利して北陸へと進撃しました。このとき、義仲の軍勢は①木曽軍、②佐久軍、③甲斐軍、という構成を取っていた（『玉葉《ぎょくよう》』）。佐久軍の中心にいたのは、平賀義信だったに違いありません。そして義信はこの戦いの後に義仲と別れ、頼朝に臣従すべく、鎌倉に向かうのです。

頼朝から重用され一門の筆頭に

父・源義朝に忠義を尽くした平賀義信が、私（注/源頼朝）のもとにはせ参じてくれた。頼朝は父を敬愛していました（著書で何度か説明しているのでくり返しませんが、南関東平定の道筋を指し示したのは義朝です）から、とても喜んだのだと思います。しかも義信は父の最期の様子を詳細に伝えてくれた。

頼朝に仕える、という義信の選択は、けっして単純なものではありません。彼は木曽義仲と行動を共にすることができた。源氏の一族として、半独立の状態を保つことも可能でした。ちなみに義信と同じく「義朝の従子」の立場にあり、義朝の身代わりになって戦死した八島重成の美濃・尾張源氏一族は、直ちに頼朝に従う道を選択しませんでした。そのため、権力を掌握した頼朝と鎌倉幕府から徹底的に干され、没落したのです（承久の乱の京方の大将の一人、山田重忠はこの一族）。この意味で、義信には先見の明があった。

義信は鎌倉に来たときに40歳前後だったといいます。すでに惟義《これよし》という男子がありました。頼朝は義信に比企尼《ひきのあま》の三女を娶《めあわ》せましたが、彼女は伊東祐清《すけきよ》の妻だった女性。頼朝が伊東祐親《すけちか》の娘と子をなし、祐親が激怒して頼朝を殺害しようとした時に祐親の嫡子である祐清が頼朝に危機を知らせ、逃がした、という経緯があります。その鎌倉で成功した頼朝は命の恩人として祐清を招いた。でも彼は、自分は平家に仕えているから、と誘いを断り、北陸に出陣。木曽義仲との戦いで討ち死にを遂げたと考えられます。義信と比企尼三女の婚姻は寿永２（１１８３）年頃でしょうか。二人の間に、朝雅《ともまさ》が生まれています。

義信・惟義父子への、頼朝の重用ぶりを見てみましょう。元暦元（1184）年、惟義は伊賀の守護に任じられました。伊賀は平家の根拠の一つですから重い役です。この時、彼はあたかも国司のような文書を発給していることが確認されていて、同国に強い権限を有していたようです。国府近くの大内荘（九条家領）も獲得し、「大内惟義」を名乗るようになりました。彼は有能だったようで、鎌倉に従わない頼朝の叔父（源為義の三男）、源義広を討ち取り、また伊豆で頼朝に攻め滅ぼされた山木兼隆の父、平家の有力一門だった平信兼の反乱も鎮圧しています。

同じ年、義信は頼朝の推薦を受けて武蔵守になりました。また、武蔵の守護も務めていました。武蔵といえば、言わずもがなですが、坂東武者の本場です。この地の国司と守護を兼ねた。しかも義信も優秀で、今後の国司は義信を模範とするように、と国府の建物に張り紙がされたそうです。翌年8月、伊賀で戦功を重ねた惟義が相模守に就任。平賀父子は後の北条氏のように、相並んで武蔵守・相模守となったのです。儀式での彼らの席次は源氏一門の筆頭。もちろん足利氏より上位でした。9月、源義朝の供養のための勝長寿院《しょうちょうじゅいん》が完成すると、頼朝は義信、惟義、源頼隆（平治の乱後の義朝の東下に随行して戦死した源義隆の遺児）だけを供として、義朝の遺骨を同寺に納めました。このようにたいへんに重い立場にあった平賀義信がいつ没したのかは、記事がありません。事件・事故でなく、病没と考えられています。

さて、義信のもう一人の子、朝雅に目を転じましょう。彼は父と兄に次いで、武蔵守を務めています。建仁３（１２０３）年の比企の乱では、母の実家の比企氏を討つ側に味方しました。２代将軍・源頼家が追放され、３代将軍・源実朝《さねとも》が擁立された直後には、京都守護として都に派遣されました。実朝の立場を脅かす危険分子と目されたのか、それとも鎌倉の内輪もめにつけ込む西国の勢力を抑え込むためなのか。実質的には追い払われたのか、前向きな起用なのか、判断に迷うところです。

実際のところ、同年12月、こうした幕府の動揺を見て伊勢国と伊賀国で平家残党が蜂起します。三日平氏の乱です。先の平信兼らの乱もこの名で呼ばれることがありますが、戦いの規模は20年前の信兼らの方が大きかったので、三日、すなわち「すぐに」鎮圧された平氏の乱の名は、こちらの方がふさわしいでしょう。

朝雅は京都から出陣し、幕府の軍勢を率いて乱を鎮圧します。その功績により伊賀・伊勢の守護職に任じられました。また鎮圧の便宜を図るため、後鳥羽上皇から伊賀国の知行国主に任じられています（『明月記』）。知行国主というのは、その国の公領の税収を自らの収入にできる役職で、国司の上位職。国司の任命権ももっています。上級公卿《くぎょう》のみに許された特権的な地位であり、幕府の将軍もいくつかの国（時期により変動はあるものの、相模・武蔵・伊豆・駿河、すなわち「南関東4カ国」は不動）の知行国主でした。将軍に仕える御家人は、政権を掌握した後の北条氏も含めて、だれも知行

◆大内惟義の末裔、武田信虎

1494〜1574年。大内惟義の娘の一人は甲斐の武田信政に嫁いで、跡取りの信時を産んでいる。その後、武田家は実子で継承されて、信玄に至っている。ということは、信玄の父の信虎にも、大内惟義のDNAはなにがしか伝わっているはずである。ただし、7代前の先祖は、DNA的には他人と同然という話も聞いたことがあるがいかがだろうか。信虎は有名な信玄の父で、甲斐国を一応統一した。もっとも、領民の評判は良くなく、彼が追放されて晴信（信玄）が立つと聞き、人々は喜んだという史料がある（武田信虎像、東京大学史料編纂所所蔵模写）。

国主に任じられていません。朝雅はまさに、将軍に並ぶような「高貴な武士」だったのです。

その朝雅に、自らが最も愛する娘を妻として配した人物がいます。それが北条時政でした。

大内氏が「七カ国守護」の訳

豊臣秀吉が今生《こんじょう》の思い出として一世一代の花見を催した醍醐寺《だいごじ》さんは、歴史と伝統のある真言宗の名刹《めいさつ》で、多くのお経（聖教。読みは「しょうぎょう」）を現代に伝えています。たぶん今も続いていると思いますが、夏休みになると、日本文学や日本史学の研究者がチームを作り、どんな聖教があるのか、泊まり込みで調査をしています。仕事の一環ですのでもちろんノーギャラ。ただし、チームで調査実績を積んだ方が亡くなると、醍醐寺さんが供養をしてくださるそうです。ぼくは一度しか参加していないので、もちろんムリですけれど。

さて、そうした調査に参加されていた田中稔先生（1928〜91年。ぼくの恩師である石井進先生の兄弟子。千葉県佐倉市の国立歴史民俗博物館教授を務めた）が、『諸尊道場《しょそんどうじょう》観集《かんしゅう》』という聖教を手に取ったところ、このお経にはいくつもの紙背文書《しはいもんじょ》があることに気づかれました。昔は紙が貴重品でしたので、読み終わっていらなくなった文書も廃棄しないことがあります。ひっくり返してウラの余白に文字を書く。たとえばそうした廃棄文書をつなげて、ウラにお経を書く。『諸尊道場観集』はそうして書き記されたお経だったのです。

田中先生は早速、その文書群を翻刻して、解読しました。すると、内容は驚くべきものでした。そのすべては「守護」としての大内惟義の活動を示していたのです。当時の守護の仕事を知ることができる。それだけでも貴重でしたが、真に注目すべきは惟義が多くの国の守護を兼ねていた、その事実を確認できること。越前・美濃・伊勢・伊賀・丹波・摂津。以上6カ国。もしかすると、これに尾張も加わるかもしれない、と田中先生は学界に報告されたのです。

いや、あり得ないでしょう、普通。守護任国は通常1つ。どんな有力な御家人といえど、多くて2つ。それが6カ国？　でも文書を読んでみると、認めぬわけにはいかない。ちなみに惟義の子に義海という醍醐寺の僧侶がいた。義海さんが惟義から不要になった文書をもらい、お経を書いたのだと推測されます。

大内氏は承久の乱（注／後述）では朝廷軍に属します。大内惟義はもともとは信濃の武士ですが、同じ信濃源氏の小笠原長清は幕府軍の大将の一人として、東山道を西に進軍した。一番信頼性の高い系図集『尊卑分脈《そんぴぶんみゃく》』を見ると、小笠原長清のところには「七カ国管領」との説明書きがあります。これは何だろう、とぼくは考え込みました。それで行き着いた試案が次の通り。

大内氏は守護を実は「７つ」兼ねていた。でも朝廷軍に属したので、幕府はそれを奪った。代わりに、あくまでも戦時の臨時措置として、同じく源氏の名門である長清をその「７つ」の国の守護とした。それが「七カ国管領」の意味ではないか。とすると、田中先生がペンディングにしていた尾張の守護も惟義であり、大内氏は７カ国の守護だったといえるのではないか。

伊賀と伊勢の守護。この２カ国はずっと前からの大内氏の勢力圏ですので、分かる。でも、あと５つが加わる。しかも伊勢と伊賀に近い越前・美濃・尾張のラインは日本列島を東西に分断するもの。東と西が争うなら、最も重要な国々となる。畿内に東から侵入するときの経路となる先述の３カ国＋伊勢・伊賀。これに対し、西の摂津に丹波は京都へ西から入ってくるときの経路ですね。となると、この「七カ国」は、京都防衛という明らかなテーマをもっているのではないでしょうか。

源頼朝を討伐するために、後白河上皇は源義経を「九国地頭」に、源行家を「四国地頭」に任命しました。国々をまとめる、という概念を朝廷はもっています。ならば京都を防衛するための「七カ国守護」、これはあり得そうです。ただ、問題は「守護」という部分。守護を任命するのは将軍、つまり幕府です。幕府をリードする北条氏は、大内氏の力を警戒していたでしょうから、7つもの守護職を与えるはずがない。とすると、これは後鳥羽上皇のごり押しであり、私が信任する大内氏を「七カ国守護」に就けよ、と上皇が圧力をかけたのではないでしょうか。

大内惟義は北条氏の力が強くなると、鎌倉に嫌気が差したようで、在京して後鳥羽上皇に仕えるようになります。幕府には何も相談せず、上皇の命令を受けてさまざまに活動します。もっとも典型的なのはやはり軍事行動で、南都（興福寺と春日大社）・北嶺《ほくれい》（延暦寺）の僧兵の攻撃から京都を守っていたのです。

惟義はなかなか優秀な武士でしたから、その活躍ぶりに注目した上皇が、来《きた》るべき合戦の際の朝廷軍のリーダーとして、彼を起用しようと考えたのかもしれません。ただ上皇にとって惜しむらくは、惟義は承久の乱以前に病死しているようです。惟義の役割は子の惟信に引き継がれますが、この人はあまり優秀ではなかったようです。そのため、承久の乱の朝廷軍の武将として、大内惟信は戦場に赴きますが、あまり高い地位にはいなかったようです。

◆醍醐寺

京都市伏見区にある真言宗の寺院。本尊は薬師如来。醍醐山（笠取山）の上醍醐と、平地の下醍醐に分かれる。弘法大師空海の孫弟子にあたる理源大師聖宝が上醍醐を開くと、修験の聖地として発展した。900年代初め、醍醐天皇はこの寺を深く信仰して堂塔の整備に努め、下醍醐が成立する。寺内の5つの院から座主が選ばれていたが、室町時代には三宝院が大きな力を得た。戦国時代に荒廃したが、豊臣秀吉・秀頼によって復興された（写真は醍醐寺にそびえる国宝・五重塔。平安時代の建立で、現存する京都最古の木造建築物として知られる）。

頼朝から愛された「暴れん坊」

和田義盛について書いていこうと思います。この人は鎌倉幕府創業を支えた有力御家人で、初代の侍所《さむらいどころ》別当ですね。三浦半島に盤踞《ばんきょ》する三浦氏の一族で、久安3（1147）年に生まれ、建暦3年5月3日（1213年5月24日）、北条氏との争い（世に言う和田合戦）に敗れて、一族とともに滅びていきました。

三浦一族の大ボス、三浦義明の長男が杉本義宗。次男が家を継いだ三浦義澄。義宗の長男が和田義盛。義澄の息子が義村。和田合戦で戦った義盛と義村はいとこの関係になります。年齢は20歳ほど義盛が上。ちなみに通称をみると、義盛は小太郎。長男の長男ですので、これは納得。問題なのは義村で、平六、といいます。三浦氏は平家だから「平」はいいとして、「六」って？　彼には1人、友澄というお兄さんがいて、彼自身は次男だったよう。ならば「平次」「二郎」なら分かるんですが、平六なんですね。当時の太郎とか二郎はウソがないので、義澄の1番目から4番目の男の子は、幼いときになくなっているのでしょうか。乳幼児死亡率が高い時代なので、あり得ないことではありません。

義盛のお父さんの義宗は、現在の鎌倉市二階堂、杉本寺のある辺りを本拠としていました。鎌倉で発掘をしている知人に聞いた話ですが、その屋敷跡はちょっとだけ発掘されたらしいのですが、かなり広大なものだったとか。とすると、ぼくの持論である「その国にその人あり」レベルの御家人は２００～３００の兵を養っている、杉本義宗はそのクラスだったのでは、という推測が成り立ちます。

義盛は杉本の屋敷には住んでいなかったようですが、それでもそこを拠点の一つにしていたことは間違いない。何が言いたいのかというと、杉本の地は源頼朝が邸宅を構えた＝幕府を営んだ大蔵の地に近い。幕府に何かあったときに、すぐにまとまった兵を動かせるのが義盛だったのではないか、ということです。それほどに頼朝は義盛の忠誠心に信頼を置いていた。そう考えると納得できるエピソードが出てきます。

ある研究者がツイッターで、義盛は後に将軍に書物を献上しているから、なかなかのインテリなんじゃないか、と仰《おつしや》ってました。うーん、そうかな。『吾妻鏡』を読んでみると、彼は愛すべき暴れん坊というか、インテリのイメージとは遠い感じがします。

まず源平合戦で、彼は侍所長官としての任務を全うしていない。前述しましたが、当時の軍の編成は、上に源氏や平氏の御曹司を大将としていただき、その補佐として老練な武士がつく。実務は軍奉行というか、軍目付というか、補佐役が中心となって執り行う。源平の天下分け目の戦いというと、一ノ谷の戦い（1184年）ですが、このとき大手の軍は大将が源範頼、補佐が梶原景時（侍所の次官）。搦《から》め手は大将が源義経、補佐は侍所の長官である義盛のはずが、土肥実平《さねひら》。戦後処理も、義盛と景時ではなく、景時（播磨・美作《みまさか》の担当）と実平（備前・備中・備後）でやっている。義盛、はずされている。それから、その少し後、山陽道を鎮圧すべく範頼が鎌倉を出発するときに、頼朝は「景時と実平によく相談しなさい」と助言している。義盛ではない。また、この山陽鎮撫《ちんぶ》の範頼の補佐には義盛がついたようですが、「早く関東に帰りたい」と泣き言を言っている、との報告があります。

奥州藤原氏との合戦で、藤原氏は厚樫《あつかし》山を要害化して戦いました。そこを守備していた藤原国衡《くにひら》（当主である泰衡の兄）は奮戦の後に討ち取られた。このとき、国衡を射たのが義盛。実際に首を取ったのが畠山重忠。重忠が国衡の首を持参すると、頼朝は大いに喜び、恩賞の沙汰になりました。そこに「ちょっと待ったー！」と出てきたのが義盛。国衡はオレが射た矢で深手を受け、フラフラになっていたはず。国衡を討ち取ったのは実質オレだ、と言うのですね。一方の畠山重忠は「そうでしたか。では褒

◆ **和田義盛と由比ケ浜**

現在は海水浴場で有名な由比ケ浜（神奈川県鎌倉市）は、鎌倉時代には墓地としても利用されており、おびただしい数の中世期人骨が出土している。また、たびたび御家人同士の合戦の場になったことでも知られる。建暦3（1213）年5月、侍所の長官である和田義盛は幕府の実権を握りつつあった北条氏に対し挙兵したが、同族の三浦氏の裏切りにあうなどして鎌倉市街から押し出され、由比ケ浜まで退却。加勢を得て一時盛り返すが次第に追い込まれ、2日間の激戦の末に和田一族は滅亡した。近くには江ノ電和田塚駅および駅名の由来となった和田塚があり、この地で戦死した義盛らの供養塔と伝わる（写真は由比ガ浜海水浴場＝神奈川県鎌倉市）。

美は和田どのに」と爽やかに答える。結果、頼朝は「国衙を射た義盛は立派。手柄を義盛に、と譲った重忠も立派。2人に同じだけ、恩賞の土地を与えよう」と大岡裁き。うーん、一人の武士ならいいんですが、侍たちを統轄《とうかつ》する役にあるのに、おれがおれが、の義盛の態度はいかがなものか。

幕府の重臣、美作蔵人朝親《くろうどともちか》（幕府官僚と思われる）の妻が、隣家の小鹿島公業《おがしまきみなり》と通じ、小鹿島邸に逃げ込んだ。「妻を返せ」「いいや返さぬ」の口論に、甲斐源氏らと三浦一族が応援に駆けつけ、すわ合戦か、という騒動に。将軍・実朝の仲裁があって何とか事なきを得たものの、義盛は三浦の一員として、すみやかに公業支援に駆けつけていた、というのです。これも侍所長官としてはどうなのでしょう。

最後によく知られた話。あるとき梶原景時が「侍所長官のしるしを見せてほしい」と言うので義盛が渡したところ、景時はそれを義盛に返さず、素知らぬていで長官として仕事を始めてしまった、というのです。頼朝は事情を知らぬはずはない。どう見ても、長官更迭ですよね。だけど、頼朝は「お前はクビだ」とは言わないんです。義盛のメンツを潰すことはしない。前の大蔵幕府のことといい、頼朝はよほど義盛を信任していたのでしょうね。ただし、それは人柄を愛しているので、能力ではない。思慮深くなく、おっちょこちょい。三国志ならば、三兄弟の末弟、張飛の役どころ。和田義盛とはそんな人物だったのではないでしょうか。

合戦の「兵数」を吟味する

軍事にはロマンの軍事と、リアルな軍事、の2つがあってよいとぼくは思っています。マンガや娯楽小説のテーマというと、これは昔から「相手をやっつける」「相手に打ち勝つ」ことであるのが定番になっています。また打ち勝つといっても、勉強で、とか、人としての行いや徳で、なんてものはほぼほぼありません。大半は野球やサッカーなどの競技で勝利するか、実際に相手にダメージを与えて倒すという系統のものになります。後者では魔法で、忍法で、素手で、相手を打ち負かす。そうしたものの集大成として軍事行動があり、たとえば主人公が属する人間の軍勢と魔王が率いる魔物の軍勢とが激突する。ここでは弱き者は命を容赦なく奪われますが、それは「エンタメの楽しみ」の一要素となっているのです。これが、ぼくがいうロマンの軍事です。

ですが、もちろん、今もリアルな軍事が厳然と存在します。ロシア軍はウクライナを攻めていますが、戦場では多くの尊い人命が失われています。撮影された写真などを見ると、どうみても女性や子供などの非戦闘員も、犠牲になっています。これは絶対に、ロマンの軍事と同じ目線で捉えることを許されない、無慈悲でリアルな軍事です。

書店で日本史の一般書を見ると、「織田信長の戦い 全記録」とか「図解 長篠の戦い」といったタイトルで、図版を多用した本が多く出版されています。これはむかしの合戦を「物語として」知るためのツールとなります。そうか信長はこの地域に行軍し、こうした武器を使っていたのか。それを知るときにぼくたちは、犠牲になった名もない人々の姿を思い浮かべることはしません。でも、軍事を研究的に語るときには、こうしたロマンの軍事だけでなく、リアルの軍事を探究する姿勢を忘れてはなりません。

軍記物語の類いは、ロマンの軍事に偏った記述をすることがあります。今ぼくが本書でテーマにしている時期の書物ですと、『平家物語』や『源平盛衰記』などの軍記物語がそれに該当します。また、客観的な叙述をするはず（それゆえ史料的価値が高い）の『吾妻鏡』ですら、こと軍事に関する限り、思わず血湧き肉躍ってしまうのか、リアルな視点を忘れがちです。

　ロマンの軍事とリアルな軍事の差が顕著に、かつ容易に見て取れる実例、それは兵力です。戦いは、数が多い陣営が、勝利するチャンスを多く得られる。これは戦場での鉄則です。ですので、リアルな軍事を追究するなら、史料に記された兵力を厳しく吟味するという態度が要求されます。それができない研究者には、軍事を語る資格はありません。

　承久３（１２２１）年に起きた承久の乱。後鳥羽上皇が鎌倉幕府の打倒を目指したこの戦いでは、兵力はどれくらいの数だったのでしょうか。なお、この戦いの意味、後鳥羽上皇が何を目的として挙兵したかについても最近は異論が出ていますが、これについては今回は触れません。

　さて、５月15日、朝廷軍は後鳥羽上皇の元に集合しました。その数１７００。うち８００で京都守護の伊賀光季《みつすえ》を攻撃して討ち取った、と『吾妻鏡』にあります。これはおそらく実数に近いと考えてよいのではないでしょうか。

　一方の幕府軍。これが面倒です。京都の動きを知った幕府は、５月25日までに、東海道・東山道・北陸道の三方から、合計19万の軍勢で京都を目指した、とあります。

さて、これを信用できるか。とてもムリでしょう。基本的に、〇万人、という軍勢は、日ごろは農業にいそしんでいる農民をむりやり戦場に連れて行くことで実現する数なのです。そして、それができるようになる権力は、ようやく戦国時代になって姿を現す。地域に密着した戦国大名が、はじめて〇万人の軍勢を編成し、集団戦を戦うことができた。鎌倉時代、戦闘の主力はプロの兵士であって、集団戦は主流ではなかった。農民を戦場に連れて行って命のやりとりを強要するほどの権力は、まだ姿を現していません。となれば、19万などという軍

◆なぜいつも宇治川で戦う？

合戦のときに守備側はしばしば河川を利用する。鎌倉時代だと、大鎧だけで20キロ。その重量で川を渡るから、動きは鈍くなる。そこを弓矢で狙う。攻撃側は浅瀬を探すし、時には馬を乗り入れ敵陣を目指す。こうした事情で京都を巡る攻防では、宇治川を舞台に有名な合戦が行われた。承久の乱もその一例になるが、最も有名なのが木曽義仲勢と源義経率いる鎌倉方との戦いで、佐々木高綱と梶原景季が頼朝から与えられた名馬に自らの命運を懸け、一番乗りを競った（写真は美しい景観をとどめる宇治川流域＝京都府宇治市）。

勢は、ロマンとして語るならともかく、リアルにはあり得ないのです。

　では何人か。という重い課題が残ります。幕府軍のうち東海と東山の2つの軍は合流した後にもう一度二手に分かれ、京都の東と南から突入を図ります。6月13日、京都の南の宇治の戦いについては、幕府側の死傷者の名前が『吾妻鏡』に列挙されている。系図などでこの戦いで戦死していることを裏取りできる人も多くいますので、これはまずナマの数字と見て、間違いない。集計してみると、戦死者98人、負傷者132人。朝廷軍の死者は名前が明記されていませんが、255人。

　近代の戦いでは全体の3割が死傷すると、その軍は全滅という判定になります。指揮系統が乱れた上、負傷者を治療するため、戦闘ができなくなる、という観点からです。すると、255が全体の3割とすると、宇治川に陣取った朝廷軍は850人。京都の東を守った兵が同じだけいるとなれば、かける2、で1700。おお、これは先の推測にぴたりと当てはまりますね。

　肝心の幕府軍なのですが、宇治川の戦いに勝利した北条泰時は「勇士五千」と京都に入った、とあります。5000の3割は1500。230の死傷者を出しても、これならば余裕で持ちこたえられるでしょう。北条時房率いる軍が京都の東、瀬田の唐橋で朝廷軍を破って入京しますが、これが宇治川勢と同数だとすると、1万人。北陸軍が加わりますので、幕府軍の全体数は多くて1万5000、まあ1万3000ほど、となるでしょう。かくて、「戦いは数が多い方が勝つ」。戦いは幕府軍の圧勝に終わりました。

「実朝の首」はどこに消えた？

令和4（2022）年12月に放映された林修先生のテレビ番組が「鎌倉の偉人たち」を取り上げました。偉人たちの一人が源実朝で、ぼくは彼についてのロケに行ってきました。場所は神奈川県秦野市の金剛寺。この禅寺は、長く実朝の菩提《ぼだい》を弔ってこられました。お寺のすぐ近く（かつては境内だったそうです）には実朝の首塚があって、秦野市の史跡に指定されています。実朝の首塚が鎌倉以外の場所にあることは朝日新聞の別刷りの特集で読んだ覚えがあったのですが、それが金剛寺である、という認識は恥ずかしながらありませんでした。今回、ロケをしたことで改めて考えたことを書いておきたいと思います。

実朝は甥《おい》の公暁《くぎょう》によって暗殺されました。これはご存じの通りです。「親の敵《かたき》はかく討つぞ」と大音声を上げて実朝を斬殺した公暁はその首を取り、肌身離さず持っていました。それで三浦義村邸に赴き、「さあ、実朝は始末したので私を将軍にせよ」とアピールするのですが、その時も首を手放さなかった。これに対し義村は、長尾定景以下５人の武士に命じて公暁を討たせました。ここでは義村と公暁の間にどんな密約があったか、などについてはふれません。

問題は首です。実朝の首がここで消えてしまっているのです。やむなく北条政子や義時は首のない遺体を棺《ひつぎ》に納め、源氏の墓所である勝長寿院（今は廃寺）に葬《ほうむ》った、と『吾妻鏡』は記します。

ここからは伝承の世界のストーリーです。公暁を討った５人の武士の中に、武常晴《たけつねはる》という人物がいた。彼は何を思ったか、公暁が持っていた実朝の首を持ち去り、鎌倉から少し離れた秦野の地（鎌倉から北西に約30キロ。車で1時間ほど）にやってきた。この地を領していた波多野氏に首を預け、手厚く弔うように依頼した。波多野氏はその願いに応えて、首を埋葬し、金剛寺を建立して実朝の菩提を弔った、というのです。これは伝説です。確実な証拠はありません。実朝の首塚という五輪塔を掘り起こしたこともない。でも、調べていくと、妙にこの話、つじつまがあっていくのです。

まずは武常晴という武士。彼については、全く史料がありません。「武」という名字についても、系図などはない。競馬の武一族のご先祖さまは、大隅国の有力武士、禰寝《ねじめ》家の一族と思われますので、直接の関係はありません。横須賀市に「武」という地名がありますので、そこを名字の地とした武士でしょう。近くには三浦義明の木像を祀《まつ》る満昌寺もあります。横須賀は三浦一族の本拠地ですので、常晴はじかに将軍に仕えていた御家人ではなく、三浦義村の郎党だったのではないでしょうか。

では次に波多野という家。そもそも読みは「はたの」か、「はだの」か。土地にちなむものなら「はだの」でしょうが、そこはこだわらずにいきましょう。それで、この家なのですが、伝統的に源氏とつながりのある家なのです。

関東武士の中で、源氏との縁が深い家、というと、まずは山内首藤《やまのうちすどう》家。これは別格、Sランクです。源氏の当主の第一の乳母を出し、当主の第一の郎党を出す。そもそも鎌倉は山内首藤家の本拠、山内荘の一部なのです。源頼朝の父、義朝は若き日に京都で行き詰まり、南関東に活路を見いだすべく、供1人のみを連れて東下します。その供、つまりはもっとも信頼できる義朝の第一の郎党が、山内首藤家の鎌田正清でした。

Sランクに次ぐAランクが2家。一つが三浦半島の三浦家です。源氏のスーパースター、八幡太郎義家の頃からの家来で、義家の東北での戦いに従軍しました。前述の義朝は、関東に到着するとまずは三浦家の厄介になり、そこから南関東に勢力を伸ばしていきます。義朝の長子、悪源太義平は三浦で生まれ（母は三浦氏の娘とも、遊女とも）、育てられています。

◆実朝の首

武常晴は波多野氏を頼り、首を埋葬した。その後、波多野忠綱は実朝の帰依を受けていた僧、退耕行勇（頼朝・政子の夫婦からも信任され、政子が出家するときには戒師を務めている）を招き、首塚近くに金剛寺を建てた。その際、木造であった首塚の五輪塔を石造に改めたという。その木造の五輪塔は、現在、鎌倉国宝館に収蔵されている。また金剛寺の本堂には実朝像が安置され、本尊の阿弥陀如来は実朝の念持仏とされる（写真は源実朝公御首塚＝神奈川県秦野市、秦野市観光協会提供）。

もう一つが波多野家です。この家の祖は下級官人で佐伯氏の人。義家の父の頼義が相模守に任じられたとき、代官として相模にやってきました。それで秦野、いや当時は波多野の地に土着して武士化し、土地の名を名字としたのです。義朝は波多野家の娘も妻とし、次男の朝長が生まれています。また、京都から下向してきて波多野家の婿《むこ》となっていた下級官人が中原親能《ちかよし》です。彼はやがて頼朝に仕え、幕府を代表する文官となりました。弟の大江広元（親能が鎌倉に呼び寄せたか）とともに「13人の合議制」に名を連ねています。

ここからは本当に想像なのですが、実朝の首を手にした武常晴は、ほとほとイヤになったのではないか。実朝の血縁である北条氏も、自分の主である三浦氏も、鎌倉の御家人たちも、それぞれに欲望に身を焦がし、実朝を死に追いやった。また公暁という若者を利用し、弊履のごとく捨て去った。実朝の首は誰の手に渡ろうが、政争に利用されるだろう。それはあまりに気の毒だ。鎌倉を離れ、静かに供養できぬものか。

そう彼が考えたとしたら、誰を頼るでしょう。源氏と深い縁をもつ家。山内首藤家が初めに思い浮かんだでしょう。でも、当主の経俊は頼朝挙兵時に敵に回り、しかも許された後も失策続きで没落した。頼るに足りない。では三浦……は今回の公暁暗殺の張本人で、これまた頼れない。残るは波多野家か。波多野もいったんは頼朝の敵となったが、許された。力は減じたが、零落したとまではいえない。そうだ、波多野に首を持っていけば、静かに供養してくれるのではないか。武常晴はそう考え、鎌倉を離れ、波多野へと馬を走らせた。ぼくはそう、想像するのです。

実朝が見た「母・北条政子」像

なぜ源実朝の首が波多野の家に？　その疑問に答えるために、もう少し詳しく波多野家の歴史を述べてみましょう。源義朝が関東に下向したときに、源氏との絆を大切にして彼をもてなしたのが波多野義通という武士でした。義朝は義通の妹と仲良くなって、頼朝のすぐ上の兄、朝長が生まれました。

源氏の嫡男が頼朝に決まったあたりで、一時的に義朝と義通は不和になったようですが、平治の乱では義通は源氏軍の一員として戦っています。その後、義通は病没。父と義朝のいざこざが関係したかどうかは定かではありませんが、義通の嫡男の義常は、頼朝の旗揚げに際して、敵方に回りました。そのため、義常は頼朝の勢力が強まると自害。家は弟の忠綱が継ぎます。この忠綱が実朝の首を供養した人物と伝わります。忠綱の子息の一人が義重。彼は越前の自領に、禅僧の道元を招いて寺を建立しました。これが永平寺です。波多野氏はやはりなかなかの経済力をもっていたと推測できるでしょう。

義通の弟に、足柄上郡大友郷を本拠とした、大友経家という人物がいました。彼には2人の娘がいて、一人は近藤能成《よししげ》の妻になった利根局《とねのつぼね》。この人には伊豆に流されていたときの頼朝に仕えた、という話があります。そのため、能成と利根局の間に生まれた能直《よしなお》には頼朝の隠し子という伝説があり、『尊卑分脈』はこれを採っています。能直、すなわち「豊後の大友家」初代が頼朝の庶子だったとはにわかに信じがたいところですが、能直は間違いなく頼朝に愛され、近侍しています。

経家のもう一人の娘、彼女の婿が下級官人の中原親能です。親能は頼朝の旗揚げ以前から、何か理由があって京都を離れ、大友の家の「マスオさん」になっていたらしい。それで旗揚げに成功した頼朝は、親能を呼び寄せ、鎌倉政権の文官として召し抱えた。親能も十二分に活躍し、やがて自身の弟（義弟か？）を頼朝に推薦した。これが大江広元になります。また親能は大友能直を養子としました。ですので、親能の財産は、大友能直が相続しています。このような縁からか、大友家は官人のような性格をもっていたようで、能直の嫡男・親秀の娘は、後嵯峨天皇に仕えて内親王を産んでいます。

そこで、実朝の首です。波多野氏はこのように、中原親能、それに大江広元ら幕府文官との関係がある。それを踏まえて妄想を逞《たくま》しくすると、実朝の首を波多野家の元に持っていって供養してくれ、と頼んだのは、文官層だったかもしれません。このときすでに中原親能は亡くなっていますが、大江広元ら実朝に近侍していた文官たちは、心中、権力闘争に巻き込まれる実朝を気の毒に思っていた。だから武常晴に命じて、実朝の首を北条氏らに渡さず、人知れず波多野の地で供養したのかもしれません。

もう一つ、思い出したことがあります。それは北条氏が見せるお家芸？です。目障りなAを始末するためにBを派遣する。それでBが「首尾よくやってきました」と報告すると、「いや、実はAは無実だったことが分かった。つまり、そのAを討ったお前たちは殺人犯だ。命をもらう」とBを殺害してしまう。つまりは汚い口封じなのですが、北条氏はしばしばこれをやるのです。木曽義仲の息子である清水冠者義高を討ち取った藤内《とうない》光澄は、政子の命で殺害されました。比企能員《よしかず》を討った仁田《にった》忠常もどさくさのうちに殺されました。畠山重忠が討たれた際には、重忠の従弟《いとこ》、稲毛重成が濡《ぬ》れ衣《ぎぬ》を着せられ殺されました。

そうすると、武常晴は危険を感じたのかもしれません。北条氏がやるということは、三浦氏もやるでしょう。公暁を殺せ、と命令しておいて、公暁の首を持って帰ったら、事情を知る自分たちは用済み、と殺されるかもしれない。そう思ったので、常晴は三浦家に報告に赴かず、鎌倉を離れて、波多野にやってきたのではないか。この推測もありだと思います。もしそうであれば、常晴は鎌倉や三浦に帰ることなく、そのまま行方をくらましたでしょうね。

最後に。実朝の首塚の隣には、歌碑があります。実朝研究家で歌人の佐佐木信綱が揮毫《きごう》したもので、実朝の歌集『金槐《きんかい》和歌集』に載せられた一首が彫られています。なぜ、この一首なのか。だれが決定したのかは判然としませんが、それは次のようなものです。

〈ものいはぬ　四方《よも》のけだもの　すらだにも　あはれなるかなや　親の子をおもふ〉

イヌやネコを思い浮かべてください。言葉が話せない動物ですら、一生懸命なしぐさで、行動で、親は子供の面倒を見る。乳を与え、こまめに毛繕いをし、愛情を示す。

なんと感動的な光景か。

子供に愛情を注ぐのは、父イヌや父ネコじゃありませんね。通常は母親。実朝が

◆実朝の歌碑

歌碑は秦野郷土文化会の活動により、昭和35年に秦野市が建立したという。この歌を選んだのは、郷土文化会のみなさんか。あるいは、揮毫をした佐佐木信綱が選択までを一任されたか。佐佐木信綱（1872〜1963年）は、日本の歌人・国文学者。三重県の人。父の弘綱も歌人。東京帝大文学部に学び、万葉集を研究し、多くの和歌を詠み、弟子を育てた。弟子には川田順、柳原白蓮らの歌人、学者の新村出、翻訳家の村岡花子らがいる（写真は源実朝公御首塚に隣接する歌碑＝神奈川県秦野市、秦野市観光協会提供）。

じっと見ているのも、そうした光景でしょう。こんな動物でさえ、母親の愛情はなんと貴いことか。それなのに……。実朝が深い悲しみのうちに想起しているのが誰なのか、言うまでもありません。

私はこの人がどういう人か、ずっと分からなかった。歴史研究者だから和歌は分からない、を逃げ口上にし、『金槐和歌集』を読まなかった怠慢のせいです。でも、実朝の血を吐くような思いに接し、やっといま、確信がもてました。北条政子は、わが子より権力を選択した女性だったのです。実朝にとっては最低の母親だった。私は絶対に、彼女を好きになれそうにありません。

第2章　鎌倉幕府を分析してみた

「文書のかたち」は変えられない

令和4年の大河ドラマの主人公は北条義時でした。彼の人生をドラマにするとなれば、クライマックスが承久3（1221）年の承久の乱になるのは必然でしょう。承久の乱とは、当時の朝廷のトップである後鳥羽上皇が「鎌倉幕府を討て」と号令。幕府はこれを敢然と受けて立ち、朝廷軍を打ち破って勝利した、という戦乱です。

院政の主である後鳥羽上皇は、隠岐島に流されました。お子さんである土御門《つちみかど》上皇、順徳上皇の2上皇も遠方に配されました。また順徳上皇のお子さんである仲恭天皇は、皇位から退くことを余儀なくされました。天皇は絶対の存在であると律令は規定していましたから、その天皇を否定する法的根拠などはあるわけがない。武家の軍事力が皇位を左右したという未曽有《みぞう》の事態、それが承久の乱の結末であり、動乱の中心にいたのが北条義時だったのです。

義時と承久の乱の理解といえば、以上のようなものでした。ところが最近、妙な説が出てきた。後鳥羽上皇は北条義時個人を討てと命じたのであって、武家政権の否定は考えていなかった、というのです。その根拠は後鳥羽上皇が発した朝廷の文書は「義時を討て」と書いてあるだけで、「幕府を倒せ」とは書いてないじゃないかというのです。

正直なところ、これはひどいな、とぼくは思いました。そんな古文書の読みはあまりにお粗末じゃないかと。鎌倉時代から江戸時代まで、幕府という言葉は「ない」のです。これは武家政権を簡便に指し示す歴史的語彙として、明治の近代的歴史学において使われるようになった用語である。それゆえ後鳥羽上皇は「幕府を倒せ」という表現を用いることはない。義時を討て、と言わざるを得ない。でも、その意味するところは、明治以来の諸先学がそのように解釈してきた通り、幕府を倒せ、に他ならないのだ、と。

ところが状況をかんがみるに、この見解に賛成する研究者が少なからず現れているのです。うーん、困ったな。それでは、鎌倉幕府の打倒を達成した後醍醐天皇はどう言っているでしょうか。天皇自身の然《しか》るべき文書はないのですが、天皇の倒幕活動をもっともよく体現していた大塔宮護良親王《おおとうのみやもりよし》の令旨《りようじ》なら残っています。それは「平時政の子孫、高時法師を討て」と明示している。北条高時を討て、それがイコール鎌倉幕府を倒せ、という意味なのですね。

ある機会を捉えて、「義時だけを討てばいい」説の研究者にそう申し上げてみたところ、承久の乱から後醍醐天皇の時期までは100年も経過しているじゃないか。100年後のものは参考にはならない。文書の本文をよく読まねばならない、と反論されました。

いや、その方がしっかりと古文書の勉強をされていることはよく理解しているつもりです。でも、それならば、まず第1に、古文書の様式というのは伝統に強く束縛されるもの、たった100年くらいでは変わらないものであることをなぜ思い出してくれないのでしょうか。例を出せというなら、後醍醐天皇の自筆の綸旨《りんじ》（＝命令書）を挙げればよい。後醍醐天皇は実に妙なこと＝配下になりきってまで、文書の中での天皇の権威を守ろうとした。それほど、「文書のかたち」は変えられないのです。

第2に、文書をしっかりと読む、とは、文書の字面を読むことではありません。たとえば、鎌倉幕府の下知状《げちじょう》という重要な文書の末尾は、「鎌倉殿の仰せによりて、下知くだんの如《ごと》し」と結ぶのが通例です。鎌倉殿、すなわち将軍が仰っていると書かれていますが、おそらく研究者のほぼ100%、これを字面どおりには受け取りません。

仰せの主体は文書に記名している執権と連署、なかんずく、執権であると読む。さらには、執権の地位を有力一門に与えていても、真の権力を保持する北条本家の当主（研究用語で、得宗《とくそう》という）であると解釈します。文書をきちんと読むとは、もしくは実証的であるとは、けっして字面に忠実であることを意味しない。何でそんな古文書学の初歩が分からないのか。歯がゆくて仕方がありません。

第３が、中世においては、検非違使《けびいし》別当の私邸、それが検非違使庁なのです。源頼朝の私邸、それが幕府なのです。武家政権そのものなのです。だから頼朝が討たれたら（後白河上皇は源義経にそう指令しました）、武家政権は崩壊するのです。同じく、承久の乱時点で北条義時が斃《たお》れれば、武家政権は倒れるのです。北条義時は初めは幕府の御家人の一人にすぎませんでした。でも、いくたの厳しい戦いに勝ち残り、「鎌倉幕府を体現する者」に上りつめた。

幕府という言葉が存在しないとなれば、鎌倉幕府をどう言い換えるか。それは初め「源頼朝とその仲間たち」だったろう、とぼくは説明しています。同様に、承久の乱の時点での幕府とは、「北条義時とその仲間たち」だと思います。ですから、義時を討て、とは、幕府を倒せ、になると解釈するのです。

大河ドラマはフィクションですから、見ていて心地よいのが一番です。ですがもしそこに研究的な要素をエッセンスとして盛り込むのならば、「頼朝とその仲間たち」はいかにして「義時とその仲間たち」に変貌していくのか。その経緯が大切なのではないでしょうか。

◆得宗専制の始祖、北条時頼

1227〜63年。父は時氏《ときうじ》。祖父である泰時、兄の経時のあとを受けて、20歳で執権となった。彼は執権就任後、直ちに前将軍の藤原頼経を追放し、北条一門の名越家を屈服させ、さらには幕府有力御家人の三浦氏を滅ぼした。また、朝廷の実力者、九条家を失脚に追い込んだ。彼は30歳のときに執権を辞し、妻の兄である北条長時にその座を譲った。ただし、実権はなお彼の手中にあり、この時から、執権すら名目的な地位で、北条本家の当主（得宗）こそ真の権力者という構造が生まれた（北条時頼像、東京大学史料編纂所所蔵模写）。

整合性のとれた説をつくるために

北条義時を主人公とする大河ドラマ、ファンの心をしっかりつかみました。さすがは三谷幸喜さん。ぼくもトレンドに乗り遅れまいと『北条氏の時代』（文春新書）、『鎌倉殿と13人の合議制』（河出新書）を書かせていただきましたが、鎌倉幕府の草創期というのはそもそもがあまり人気の無い時代だったので、いろいろな人が発言するのを聞いていているだけで、とても楽しく思っていました。

ただ、その時に、どうしても気になることがあるのも事実です。それは、「受容しやすいんだけれども、簡単に（史料解釈などのディープな作業をせずとも）反論されそうな」説が堂々と開陳されていることです。しかもそれが、書き手の方々の支持をけっこう集めているように見える。当時の史料の全体を意識すると綻《ほころ》びが生じると思うのですが、記事の読み手にはそうしたことに拘泥《こうでい》する義務はありませんから、私たち書き手の側がしっかりしないといけないな、と背筋を正しています。

整合性のとれた説をつくるために、ぼくは次の２つの作業をすべきだと常々考えていて、自らに課しています。それは、まず第1に、成立が可能な「異なる解釈」を自説にぶつけ、自説を鍛える。第2に、自説を広い視野の中に置いてみる。

第1の試みについて、実例を挙げましょう。平治の乱の後、源頼朝は捕縛されます。頼朝は源氏の後継者ですので処刑されるべきところ、平清盛に対して継母の池禅尼《いけのぜんに》が、どうか助けてやってほしい、と頼み込んでくれたので命拾いした。これが従来の説。ところが、強力に助命嘆願したのは、上西門院《じょうさいもんいん》ではないか、という新説が最近出てきて、よく引用されているようです。女院は後白河上皇の同母のお姉さんで、頼朝は平治の乱以前、彼女に蔵人《くろうど》として仕えていました。

うん、この人間関係の筋から、女院が頼朝助命に手を貸してくれたとしても少しもおかしくはありません。ただしぼくは、それが頼朝の助命の「決め手」になったとまでは思えないのです。なぜか。ここで頼朝という人物を広い視野で見てみましょう。彼は人気のあった弟の義経を滅ぼしたので冷酷、と思われがちですが、調べてみると、辛《つら》かったときに恩を施してくれた人にはきっちり報いる律義さをもっていた。比企尼がそう。藤九郎盛長がそう。説明は省きますが、平賀義信もそう。だからこそ、池禅尼の実子である平頼盛は、平家の主要人物であるにもかかわらず、討伐の対象とはせず、鎌倉に招いて盛大にもてなしているのです。

これを踏まえてみると、私は上西門院さまにこそ助けられた、と頼朝が認識していたならば、彼はどう行動したでしょう。功成り名遂げた後、彼は女院に、豪華なプレゼント――荘園でも良いし、新しく造った寺院でも良い――を贈らないでしょうか。心からの謝意を表すのではありませんか。でも、頼朝の人間性を褒めたたえたくて手ぐすねを引いている『吾妻鏡』には、そうした記事は一切ありません。これをどう説明するのか。

もう一つ。３代将軍・源実朝は右大臣の拝賀式を鶴岡八幡宮で執り行った直後に、甥の公暁によって討たれます。これは昔から、北条義時の陰謀説が唱えられていましたが、最近は公暁の単独犯説が力を得ています。つまり、北条政子や義時以下は、実朝将軍の時代が続くものと想定していたのに、「アクシデント」として彼が暗殺される事件が起きてしまった、というわけです。

うーん、そうなのかなあ。『吾妻鏡』には実朝が自身の不幸を予見するような記事がいっぱいありますね。御家人たちはだれも実朝の排除をもくろんでいなかったのなら、彼はなぜ、そんなに悲しげに日常を送ったのか。彼はよく知られるように、鎌倉を脱出して宋へ渡航しようとしますが、そんな突飛《とっぴ》な行動に出たのはなぜか。その船が海に浮かばずに座礁してしまったのはなぜか。私は、実朝さまはもう不要だ、源氏将軍はもういらない、と考える御家人が（北条義時を筆頭として）たくさんいたからだと思うのです。

◆疎まれた２代目鎌倉殿、源頼家

1182〜1204年。父・頼朝が没すると、18歳で家督を相続し、第2代の鎌倉殿となる。征夷大将軍に任じられたのは、3年半後のこと。13人の合議制が敷かれ、頼家が政治的な行為をすることは制限された。18歳といえば当時は立派な成人であるので、彼が幼いから、という理由はふさわしくない。頼家の政治が実績を挙げていくとまずい者こそがこの合議制を編制したのだと考えると、それはやはり北条時政ということになる（源頼家像、東京大学史料編纂所所蔵模写）。

そう、一番簡単な疑問として、公暁単独の犯行なら、このあとすぐに、阿野時元（頼朝の甥。義時や政子の甥でもある）が討たれたのはなぜ？　禅暁（公暁の弟）が拘束され、やがて殺されたのはなぜ？　やはり源氏の血統はもういらない、というのが鎌倉御家人のコンセンサスになっていたように思えます。

歴史的な事情を整理して自分なりの解釈①をするのなら、すぐにその解釈①への反論を想定してみる。それでその反論を簡単に否定できぬのなら、解釈①には再考の余地がある。世の中に披露するに足る歴史研究の新知見というのは、考えついては崩し、考えついては崩し、というくり返しの中から、自己否定をはね返しながら生まれてくるものだと思うのです。でも、そうした考え方の重厚さが、最近はどうも足らないような気がしてなりません。

大内・平賀の拠点を奪った伊賀氏

ぼくは令和4年8月からネットでも大河ドラマ『鎌倉殿の13人』の解説を始めてみました。これが実に難しい。書籍にまとめることを前提にしない企画ですので、ともかくネット記事を読んでいただくことが至上命令。でも、どういう記事にすれば、皆さんは読んでくださるのか。

ここが違う、あそこが違う、と歴史研究者の目でドラマのあら探しをするのは、ぼくがいやです。かといって、俳優さんの演技を過不足なく評価する腕もない。落ち着くところは、やはり、ドラマでは描ききれなかったところの解説ということになるのでしょうが、これも「お勉強の要素」が強いと途端に敬遠されます。研究的には最前線、おう、こういうことだったのかと気づきを記したものの、大惨敗したものを書いてみましょう。

2代執権の北条義時が後妻を迎えました。伊賀という家の娘なので、伊賀の局、と呼ばれました。彼女については興味深いエピソードがあります。承久の乱のあと、6年ほど逃げ回っていた二位法印尊長《そんちょう》という、後鳥羽上皇側近の僧侶がいました。やがて彼は六波羅探題の武士に捕まるのですが、そこで驚くべきことを口にしたのです。「私を早く殺せ。伊賀の局が北条義時の命を奪うときに用いた毒を飲ませろ」(『明月記』)。尊長の言が本当ならば、義時は若い後妻に殺害されたことになります。

その真偽の程はさておいて、今回は伊賀という家のことをお話ししていきましょう。

この家についてはちゃんとした説明が見当たりませんので。

伊賀氏は『尊卑分脈』に、ムカデ退治で有名な「田原の藤太」こと藤原秀郷の子孫で、天皇の生活を公私にわたってサポートする「蔵人所」の下級官人に任じる家だ、と記されています。ただ、『尊卑分脈』は、貴族の間で書き継がれたものなので上級・中級貴族の血統は確実に記しているのですが、下級官人や武士の家については怪しい部分があります。13人の合議制に名を連ねている安達盛長と足立遠元を、「あだち」という音にひっぱられて一族にしてしまうなど、隅々までは信用できないのです。

義時の妻になった伊賀の局の父親は「伊賀守」を務めています。それで、家の名も伊賀氏を称した。安達荘（福島県）を入手したので、初めて安達を名乗った安達盛長スタイルですね。ということは伊賀氏も、もともと本拠と呼べる土地を持っていなかったんじゃないか。となると、それなりの規模を持つ在地領主＝武士ではなかった可能性が高い。下っぱ蔵人を務めていたという『尊卑分脈』の説明と併せ考えると、伊賀の局の父、伊賀朝光は源頼朝のヘッドハンティングに応じて京から下向した、下級官人の一人だったのではないでしょうか。それで仕事がよくできて、見どころがあったので、上司の二階堂行政《ゆきまさ》が娘を娶《めあわ》せ、伊賀の局が生まれた。

では、いつ伊賀氏は「伊賀」を名乗ったのでしょう？　これは明らかに平賀朝雅が失脚した後だと考えられます。それまでは幕府内で存在感が薄かった朝光ですが、婿となった義時が伊賀の国司に推薦してくれた。義時と伊賀の局の婚姻があったため、幕府の文官の一人にすぎなかった朝光が、一躍、国司となり、幕府要人の仲間入りを果たした。みんなからは「伊賀どの」と呼ばれ、家の名前も「伊賀」となった。こんな感じでしょう。

実はこの伊賀という国は、きわめて重要な土地なのです。伊勢・伊賀はもともとは清盛流の平家の本拠地。平家が都落ちして以降も、平家に心を寄せる武士が多くいた。源頼朝はそんな伊賀国に源氏一門の大内惟義を送り込み、鎮撫した。惟義は平賀朝雅の兄。足利氏すらしのいで、源氏一門のトップの座を占めた信濃源氏です。彼は伊賀国で強大な権力をふるい、国内の大内荘も獲得した。平賀の名跡《みょうせき》は弟の朝雅に譲り、大内を名乗った。これを契機として、伊勢と伊賀は、大内氏と平賀氏の根拠地になっていきます。平賀朝雅は、伊賀の知行国主になっています。

前にふれたように、国主は国司の上級職です。一流の貴族が任じられます。幕府の中で国主となったのは、将軍のみ。増減はありましたが、相模、武蔵、駿河、伊豆の

４カ国は鎌倉幕府の終わりまで、ずっと将軍が国主でした。国主は国司を任命する権利をもっています。だから、北条氏は、相模守と武蔵守を独占できたのです。

平賀朝雅は、後鳥羽上皇のお気に入りで、将軍と同じ格を有していました。朝雅は伊勢と伊賀の守護も兼ねていた。朝雅が失脚すると、大内惟義・惟信の父子が守護を

◆伊賀と上野の意外な関係

東京・上野の名前の由来はご存じだろうか。江戸時代、この地には藤堂高虎の屋敷があった。高虎は伊賀と伊勢の一部を領地としていた。高虎は屋敷のあるこの土地が、自身の所領である伊賀の上野に似ているということで、上野、と名づけたという。高虎は徳川家康のお気に入りであった。西国で徳川家への反逆が起きたときには、彦根の井伊家と津の藤堂家が連繫《れんけい》して対処することが期待されていたと思われる（写真は花見客でにぎわう東京・上野恩賜公園の不忍池）。

務めた。彼らは後鳥羽上皇に仕え、北条義時と距離を取っていた。

そうすると、義時が朝光を伊賀国司にねじ込んだ意味は明らかですね。あなたは曲がりなりにもオレの舅になったんだから、北条家のためにがんばってほしい。伊賀国司として、大内・平賀の勢力を切り崩してみせてくれ。義時にはそんな思惑があったのではないでしょうか。

伊賀の局の長兄である光季はこの後、平賀朝雅が務めていた京都守護に任じられて上洛します。そして、承久の乱が始まるときに、朝廷軍の攻撃を受けて落命していきます。このことからしても、伊賀氏は北条義時に忠節を尽くす存在として、命を懸けて活動していたんじゃないでしょうか。それが後の伊賀氏の繁栄につながっていくわけです。

梶原景時＝石田三成？

引き続き鎌倉時代を取り上げていろいろと書いていきたいと思います。本項のテーマは、「そうか。梶原景時は石田三成だったんだ！」。え、なんかうさん臭いな、ですって？　いやいや、ここから話は驚くべき方向へ、ものすごく大切な歴史事象のありようへと広がっていきます。

建久10（1199）年正月、源頼朝が亡くなり、長男の頼家が後継に立ちました。けれども頼家の行動に不信感をもった北条時政、大江広元など有力者は合議体制を構築し、頼家の政治的判断を制限する挙に出ました。これがいわゆる「13人の合議制」であり、その意味はしばらくあとに考えることにしましょう。

さて、合議制成立の半年後の秋、頼朝のお気に入りの臣であった（落胤《らくいん》説もあり）結城朝光が、将軍御所内で頼朝の思い出を話し、「忠臣は二君に仕えずと言うが、私も頼朝さまが亡くなったあのときに出家すべきだったなあ。今の世はなにやら不安定な心地がする」とグチをこぼしました。すると2日後、女官である阿波局《あわのつぼね》が朝光に「あなた、殺されるわよ。あなたの発言は新鎌倉殿である頼家さまをないがしろにするものだ、謀反《むほん》の疑いがある、と梶原景時どのが讒言《ざんげん》したから」と告げたのです。

これに仰天した朝光は三浦義村に相談し、和田義盛ら他の御家人たちにも呼びかけて、景時の弾劾状を作成し始めました。そうしたところ、「そういうことなら、オレも混ぜろ」「私も協力したい」とまたたく間に千葉常胤《つねたね》・三浦義澄・畠山重忠・小山《おやま》朝政《ともまさ》・比企能員ら66人もの有力御家人が弾劾状に名を連ねたのです（66人に北条時政・義時父子が入っていない、また、比企能員が入っていることがミソ）。弾劾状は、大江広元に届けられました。広元は頼朝の信任厚かった景時を直ちに罪に問うのをためらって弾劾状をしばらく手元にとどめていましたが、和田義盛に強く迫られてやむなく頼家に提出しました。

11月12日、頼家は弾劾状を景時に見せて釈明を求めましたが、景時は何ら言い訳をすることなく、一族とともに所領である相模国一宮に下向し、謹慎しました。その後、景時は12月9日に鎌倉へ戻ったのですが、結局のところ頼家は景時をかばいきれませんでした。18日、景時は鎌倉から追放され、鎌倉の屋敷は破却されました。29日、結城朝光の兄の小山朝政が景時に取って代わるかたちで播磨国守護となりました。

翌年、正治《しょうじ》2（1200）年正月、景時は一族を率いて上洛の途に就きました。彼は貴族たちともパイプをもっていましたので、朝廷に仕える武士として生きようとしたのでしょう。20日、駿河国清見関《きよみがせき》（現在の静岡市清水区にあった関所）近くを通りかかったところ、偶然居合わせた地元の武士たちに襲われ、戦闘に。その結果、景時、嫡子の源太景季以下、梶原一族は滅亡しました。頼朝の死から、わずか1年後のことでした。

さてこの景時失脚から滅亡に至る事件ですが、駿河国の守護は北条時政です。結城

◆悲運の２代目、源頼家

鎌倉幕府第2代将軍。源頼朝の嫡男で母は北条政子。比企尼の次女（河越重頼の妻）と三女（平賀義信の妻）が乳母となり、比企屋敷で育つ。建久10（1199）年の父・頼朝の急逝により18歳で鎌倉幕府の主となるが、早々に13人の合議制がしかれ、頼家の決定権には制約が加えられた。身体はもともとは頑健であったが、建仁3（1203）年に重い病に倒れた。このときに頼みの比企氏が北条氏によって滅ぼされる。新将軍には弟の実朝が立てられ、頼家は出家の上で伊豆の修禅寺に幽閉。ほどなく暗殺された（写真は静岡県伊豆市の修善寺にある源頼家の墓、静岡県伊豆市観光協会修善寺支部提供）。

朝光に「このままだと危ない!」と知らせた阿波局は北条時政の娘であり、3代将軍実朝の乳母でした。こうしてみると、事件の黒幕は北条時政とみて間違いないでしょう。では、なぜこうして滅びた景時が石田三成なのか。その種明かしは次項で。

なぜ景時が弾劾を受けることになったのか

君側《くんそく》の奸《かん》を除く、という言葉があります。王様がいる。王様の周囲にはたとえば大臣たちのように、王様の判断をサポートする側近たちがいる。王様と側近は政府を形作っているのだけれど、最近、政府はおかしな政策ばかりを発している。これは王様が悪いわけではない。王様の周囲の側近が「悪いやつら」で、王様の判断をねじ曲げているのだ。だから、この「悪いやつら」を一掃し、王様を救い出して、正しい政府を構築しなくてはならない。

こうした理念で軍が動いたのは、明治維新以降であれば、西南戦争や高橋是清《これきよ》蔵相らが暗殺された二・二六事件などでしょう。王様はもちろん天皇です。西郷隆盛たちは明治天皇に反旗を翻すつもりはさらさらなかった。けれども大久保利通以下の明治政府のやり方には我慢ができない、ということで反乱を起こした。西郷たちは天皇を「玉《ぎょく》」と呼んで江戸幕府を倒す切り札として用いました。そうした西郷に明治天皇に対する忠義心がどれほどあったかは議論が分かれるところでしょうが、二・二六事件を引き起こした青年将校たちが昭和天皇に篤《あつ》い忠誠心を抱いていたであろうことは間違いありません。彼らは奸物《かんぶつ》を除くことが、天皇の「大御心《おおみこころ》」に沿うものと信じていたわけです。

王様は悪くない。悪いのは王様の側近であるあいつだ。この動きで解釈できるのが、関ケ原前夜に起きた、石田三成襲撃事件です。慶長4（1599）年の閏《うるう》3月3日、秀吉亡き後、豊臣政権の重しとして機能していた前田利家が亡くなります。するとすぐに加藤清正以下のいわゆる「武断派」が、石田三成を襲うべく動き始めます。「武断派」と「文治派」の対立として理解されているこの騒ぎは、結局は徳川家康の裁定で、三成の政界からの引退、というかたちで決着がつきます。

けれどもぼくは、この整理の仕方が腑《ふ》に落ちないわけですね。○○派と△△派の衝突、という整然とした争いならば、なぜ三成以外の奉行たちが襲われなかったか。とくに領地の多寡、京・大坂への近さから見て、三成と同じくらい秀吉から評価されていたことの分かる増田長盛《ましたながもり》（大和郡山20万石）は標的になっていない。加藤らはあくまでも「三成憎し」で動いている。彼こそは「君側の奸」であると認定している。（石田）佐吉め、許せん！　太閤殿下をたぶらかしおって！　虎の威を借る狐《きつね》、という比喩もここでは有効でしょう。では三成の具体的な何が許せないのかというと、それはやはり朝鮮出兵でしょう。あいつは戦場に出てこない。補給などを担当していて、命がけの働きをしようとしない。ふざけるな！　壁の土まで食べたという蔚山《ウルサン》城の籠城戦などを思うと、清正らの怒りも分かる気がします。

ただし、ここで注意すべきは、朝鮮出兵を指令していたのは、あくまでも王様である秀吉だった、ということです。それはみんな、分かっていた。秀吉の命令だからこそ、加藤清正は、領地が肥後北部に20万石ほどですので5千人の軍勢をそろえれば御《おん》の字であるところ、なんと1万人の兵を用意して海を渡った。もちろん金はべらぼうにかかるわけです。大切な家臣は倒れていく。ところが新しい領地は一坪も増えない。文禄の役はともかく、2度目の出兵である慶長の役なぞに勇んで参加する将兵はいなかったでしょう。

加藤や福島正則は、本当は、秀吉にこそ文句を言いたい。バカなことはやめてくれ、と。こんな戦いをいつまで続ける気なのだ、と。けれど言えなかった。戦地での不始末を理由に豊後《ぶんご》一国を丸ごと召し上げられた大友吉統《よしむね》を思えば、絶対的存在である秀吉の権力の巨大さはいや応なく身にしみる。加藤ら子飼いの武将にすれば、引き立ててもらった大恩もある。秀吉の決定を否定するなどは怖くてできないし、情の部分でもしたくない。でも恨みつらみはあるわけで、それが石田三成に向いてしまった。

三成は、秀吉のもっとも忠実かつ有能な手足であった。秀吉の意志を実現すべく、一生懸命に働いたのが彼だった。もちろんその行動や態度に、問題がなかったわけではないでしょう。でも、襲撃事件の翌年に家康討伐の兵を挙げたことからも分かるように、彼には「秀吉への忠義、豊臣家への忠節」が確実にあると思います。だからこそ秀吉への怨念を、彼が一身に背負うことになってしまった。

そう思って、鎌倉時代を想起したときに、あっと思ったのが、梶原景時の弾劾なのです。景時といえば、「おべっか、告げ口野郎」という感じをもたれると思いますが、この評価が広まるのは、室町時代に『義経記《ぎけいき》』が多くの人に読まれるようになってから。源義経の敵役が必要になり、告げ口をする景時、ができあがった。ところが、『曽我物語』の古い本を見ると、景時はまっとうな武士です。幕府に弓引いた武士を庇護《ひご》し、折を見て御家人に返り咲けるよう進言する男気も発揮していた。要するに、悪役ではないのです。

ではなぜ、景時が弾劾を受けることになったのか。ぼくは彼が石田三成と同じく、王様である源頼朝のもっとも忠実かつ有能な手足だったから、と考えます。京都は彼

◆二・二六事件で倒れた高橋是清

1854〜1936年。日本の財政家、日銀総裁、政治家。財政といえば必ず名前の出る人物である。彼の人生はまさに波瀾《はらん》万丈で、少年時代にアメリカでその身を売られたり、帰国してから酒と女性で身を持ち崩したり、社会に出て官僚になってからも廃鉱を買うなどして何度も破産したり。驚嘆すべきはその都度立ち直っていることで、まさに「七転び八起き」のダルマさんのごとしである。だが、そんな彼も凶弾には勝てず、二・二六事件で暗殺された(国立国会図書館所蔵)。

を、「（2代将軍）頼家の第一の郎党」と認識していましたし。

でも、景時は頼朝の意志の「忠実な体現者だった」のでみなの恨みを買った。この関係が成立するためには、有力御家人たちが頼朝に不満をもってないと成り立たないはずでは？　いや、そのとおり。ぼくは御家人たちには、頼朝への不満が強烈にあった、と考えています。では、それは何か。

人物の「特質」に焦点

歴史を叙述する。たとえば目下懸案の梶原景時とはどういう人物だったかを書く、だとか、13人の合議制とは何かを解説する、とか。このときにもっとも単純なのは、ともかく時間の経過に沿って、事象を拾い集めていくこと、ですね。いまはウィキペディアなどがありますので、これをベースにして、ところどころに感想を混ぜたり、ある部分を強調したりすれば、原稿は書けます。あるいはユーチューブ動画の脚本もできあがる。実際に、ネットではそういう文章や動画を多く見ることができます。

でもぼくは、それはやりたくありません。書くからには「とがったもの」にしたい。

当然それは「ぼくの考え」ですので、面白がってくださる読者もいる反面、「いや違うんじゃないか」と反対される方も出てくる。でも、それでいいのだと思います。議論を喚起できるような解釈を提起したい。それによって、みなさんが歴史を楽しく考えていただければ、本当にうれしい。

ではどう工夫をすれば、本郷はこう言うけれど「オレならこう考える」、読者のみなさんの考察が抽出しやすくなるか。それは論点を整理すること、これに尽きるでしょう。そしてよく整理できている状態というのは、論点が簡潔に示されている様子を指す。ぜい肉をそぎ落として簡潔なかたちに成形するには、本質を見極める作業が必要になります。

先ほど梶原景時を書く、というテーマを示したので、これを例にしてみましょう。彼は結局、どういう人物だったか簡潔に述べよ。この問いに答えられないようでは、景時を語る芯ができません。そう問われて「ああもあろう、こうもあろう」ではダメだと思います。そりゃあ、人間は複雑で矛盾を抱えた存在なのですから、ああであったり、こうであったりするのは当たり前。でも８００年の時間が経過した「いま」の時点から眺めて、彼の特質を探り当てる。それをするのが研究者の役目ではないでしょうか。ちなみに彼は、室町時代以降（つまり『義経記』が読まれるようになって）、「告げ口屋」の酷評を得ました。これも十分、彼の本質A説になります。ぼくはこれを否定し、景時は「頼朝、頼家。つまり源氏将軍家にもっとも忠実な郎党」とみています。B説ですね。

景時についてはは後述するとして、それとも大きく関わることで、少し大きな問題について今回は整理を試みましょう。武家の政権は700年近く続いたわけですが、それが誕生するときにはどういうパターンがあり得たか。もちろん、鎌倉幕府が成立したときには、天皇と貴族が担い手となる朝廷の統治が先にあった。武士はそれとどのような関係をもちながら、幕府という存在を社会に定着させていったのか。そこを整理して論じてみたい。すると以下の3つが考えられます。

パターン①。朝廷内で貴族として立身し、一族の者も数多く引き立てる。それによって朝廷内で確固たる力を獲得し、政権の樹立に結びつけていく。

パターン②。伝統ある朝廷の支配力は強固であるから、朝廷からは距離を取る。ただし、新興の組織は既存の権力から認められることによって安定するとの認識のもとに、朝廷との連絡・交渉を重視する。

パターン③。朝廷から距離を取ることは②と同じ。ただし、先行する朝廷に関わりなく、自己の強権、すなわち武力をもって支配力を構築する。

◆鎌倉開府と名越切通《なごえきりどおし》

鎌倉という土地は、ときに「鎌倉城」といわれる要害だった。南は海。あと三方は丘陵に囲まれ、攻めるのに難しかったのである。丘陵部分にはこのような切通が設けられ、人や物資が通れるようにしてあった。といっても道幅は狭く、やはり防御重視、という特徴が見て取れる。いくつかあるうち特に重要だったのが、鎌倉の西の出入り口である極楽寺の切通と、東の出入り口である、この名越の切通。この近くには北条時政の邸宅である「名越館」もあった（写真は中世の姿をとどめた名越切通＝神奈川県逗子市）。

まず①。郵政民営化を目玉の政策として政権の座に挑んだ小泉純一郎氏は、「自民党をぶっこわす」と宣言して多くの支持を集めました。新自由クラブや新党さきがけを結成した河野洋平氏や武村正義氏のように自民党を離れて保守政治の改革を訴えるのではなく、自民党に居ながらにして自民党の改革を図る、とい

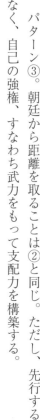

う方法ですね。

これは、まさに平清盛が模索した道筋だったでしょう。清盛は保元《ほうげん》の乱で武士の力を貴族に知らしめ、平治の乱で一流貴族の仲間に入り、その後、太政大臣にまで累進しました。全国の武士をまとめあげ、平氏一門を要職に引き上げ、ついには治承《じしょう》3（1179）年のクーデターにより朝廷の実権を掌握したのです。

次に②。これは源頼朝です。頼朝は平家が権力の座に上りつめながら、政権運営に四苦八苦しているさま（以仁王《もちひとおう》の反乱はクーデターのわずか半年後に起きています）を観察していました。朝廷の近くにいてはその影響から逃れられない。そう考えたのでしょう、彼は物理的距離を取って、当時としては田舎と呼んで差し支えない鎌倉に本拠を置きます。けれども朝廷を尊重する姿勢は崩さず（腹の内は分かりませんが）、京都との交渉を慎重に行って、朝廷の認可を引き出しながら武家の政権のソフトランディングを試みたのです。

それから③。このやり方の代表は、上総広常です。彼は2万騎を率いて頼朝の味方にはせ参じたと『吾妻鏡』が描写する有力者です。2万騎はさすがに誇張されすぎていますが、随一の規模を有する御家人であったことは認めてよいでしょう。その彼は頼朝に「なぜ頼朝さまは京都のことばかり気になさるのか。われわれは自分たちの流儀で、関東を治めればよいではないか」と常々述べていたといいます。

この3つを準備したときに、鎌倉幕府のありようはどう分析できるのか。それは次項で。

「武士政権」3パターン

武士が政権をつくる。その3パターンについて、前項で書きました。これはぼくにとってはとても大切なことなので、もう一度書きます。

パターン①。朝廷内で自分と一族が貴族として出世し、政権を奪取する。

パターン②。朝廷からは距離を取って、新たな政権をつくる。ただし、朝廷に存在を認めてもらうために、交渉と連絡は欠かさない。

パターン③。朝廷から距離を取ることは②と同じ。ただし、朝廷とはできるだけ関わりをもたない。自己が保有する強大な武力をもって存在意義とし、支配力を構築する。

今回は②と③の違いについて説明しましょう。石母田正《いしもだしょう》、佐藤進一といった戦後の偉大な中世史研究者たちは、数少ない歴史資料をそれは精緻に読み込んで、いかに鎌倉幕府が朝廷からさまざまな承認を引き出したか、という過程を克明にあとづけました。寿永２（１１８３）年の十月宣旨ではこうした公認を得て、文治元（１１８５）年には守護・地頭を置くことを許され、建久３（１１９２）年に征夷大将軍に任じられる。こういう一連の流れを、つまりはパターン②の内容を、丁寧に分析した。駆け出しだったぼくは、そうした先学の業績を一生懸命に学びました。

けれどもあるとき、ふと疑問をもったのです。国家が強大であるならば、たしかに新興の勢力は、既存の政権の公認を得なければ立ちゆかないだろう。近代国家が国の法に従わぬ者を許容しないのは常識であるし、豊臣秀吉がまがりなりにも天下を統一した後は、勝手に自立しようものなら、謀反として潰される。けれど古代国家は、それほどに強力なのだろうか。日本列島をしっかりと支配していたのか。そうじゃないだろう。律令がしっかり守られていた形跡はないし、和同開珎《わどうかいちん》などの銭だって流通していない。そもそも地方行政の要である国司（守《かみ》はいわば現代の県知事）が任地に行くこともなくなっているじゃないか。関東や東北、地方に行けば行くほど、支配はスカスカのイメージしかない。だからこそ鎌倉時代、京都の貴族や寺社は、現地の地頭の行動を抑止できなくなるんだろう。

この気づきは、研究者としてもぼくの大きな転換点となりましたが、そんなことはどうでもいいですね。ただ、京都の朝廷が発した指令を、現地が細かいところに至るまできっちり守るかといったら、それは疑問じゃないか。なにしろ字が読めない、書けないレベルの武士たちです。ざっくりこんなお墨付きをいただいたので、じゃあこんな感じでいこうか、くらいの話だったのではないか。そうするとパターン③の方が実情に近いのかな、と思えてきたのです。京都が○○を与えてくれる、という方向ではなく、現場のおれたちがどうしたいか、を重視する。研究においても、発想を転換すべきだろう。

治承4(1180)年の富士川の戦いに勝利した源頼朝は『吾妻鏡』によるならば、敗走する平家軍を追いかけて上洛しようとした。けれどもそれを上総広常、千葉常胤、三浦義澄が制止した。あなたのすべきことは、まずは関東の平定だ。平家は後回しだ。頼朝はそうか、と引き返し、本格的に文書行政を開始するとともに、常陸の佐竹や上野《こうずけ》の新田《にった》など、関東のライバル(頼朝に取って代わる可能性のある者)を屈服させていくのです。

時は流れ建久元（1190）年、頼朝は挙兵以降初めて上洛し、後白河法皇と会談します。この時の様子が『愚管抄』に描かれているのですが、頼朝は自分たちが法皇や朝廷に服従する存在であることを強調します。どこまで本気なのか、彼の本心は分からないわけですが、この時彼は次のように言うのです。「私の配下に上総広常という者がおりました。たいへんに功績があったのですが、この者

◆義経の運命の岐路、壇ノ浦の戦い

壇ノ浦の戦いは、元暦2（1185）年に長門国赤間関壇ノ浦（現・山口県下関市）で行われた海上の戦闘。源義経率いる源氏軍が平知盛の指揮する平家軍を打ち破った。その結果、知盛以下平家の主だった人々は海中に身を投じ、平家は滅亡した。安徳天皇も清盛の妻である二位尼とともに入水した。潮の流れの変化が勝敗の決め手となったとする潮流説は、戦前の黒板勝美博士が提唱して以来有力であったが、現在はこれに否定的な見解が多い（写真は関門海峡の源義経像［左］と平知盛像＝下関市）。

が常々申すのです。『頼朝さまはどうして、ことあるごとに京都のことを気になさるのか。私たちは私たちの流儀で、関東でやっていこうではないか』と。これに従うと、私は法皇に忠義を尽くすことができなくなる。それでやむなく、私は広常を誅殺《ちゅうさつ》しました」

この『吾妻鏡』と『愚管抄』の2つの記事から分かることは、源頼朝がパターン②、上総広常はパターン③であることですね。頼朝というと、壇ノ浦で平家を滅ぼす殊勲を挙げた弟の義経を追放し、死に追いやっているので、冷酷というイメージが付きまといます。ですが旗揚げから付き従っている功臣の粛清はまずしていないのです。例外が広常。

義経は軍事的な才能。広常は武士団としての勢力の大きさ。二人は図抜《ずぬ》けた存在でした。だから自身のリーダーとしての地位を脅かされることがないよう、頼朝は二人を始末した、という側面は確かにあるでしょう。ですがやはり、それだけではない。義経ならば、これは詳しくは述べませんが後白河法皇に接近しすぎて、御家人制の根幹である「排他的な主従制」という原則から逸脱してしまった。広常の場合は、パターン②なのかパターン③なのか。幕府の存立基盤をどう考えるかで意見が分かれてしまった、ということなのでしょう。

『吾妻鏡』が書かない「粛清劇」

鎌倉幕府が成立する頃、関東各国には武士たちの存立のあり方として、2つのパターンがあったのかなー、と思っています。まだきっちりと細部までは詰めきれていないのですが。

その1。「その国にその人あり」といわれるような有力な武士団が複数、台頭している国。例としては伊豆、相模、武蔵、下総《しもうさ》でしょうか。伊豆の伊東、相模の三浦・大庭・土肥、武蔵の河越・畠山、下総だと千葉が挙げられます。これらの家は300くらいの兵を養っている。

その2。武士団の統合が進み、その国を代表する「頭一つ抜きんでた存在」が登場している国。常陸、下野《しもつけ》、上野、それに上総。南常陸は大掾《だいじょう》、北常陸は佐竹。下野は小山。上野は藤原姓足利。上総は上総。これらの家は緩やかではありますが、一つの国や地域のボスにまで成長している。ちなみに藤原姓足利氏は本家こそ下野の足利に居住していますが、分家が上野各地に分散し勢力を広げていました。これらは総力を挙げれば500くらいの兵は集められたでしょう。

その2の中でも特別なのが上総広常ではないでしょうか。彼は上総一国を掌中に収めていた。だから国名の「上総」を家名としたし、房総半島に逃れてきた源頼朝のもとに2万の大軍を率いてやってきて、臣従した、と『吾妻鏡』に記されています。

前にも書いていますが、この「2万」という数字はあり得ません。これを実数として扱ってしまう研究者は、一発で勉強不足がバレます。だいたい広常は「保元の乱」「平治の乱」に源義朝の従者として京都にはせ参じていますが、部下は多くても数名しか連れて行っていない。いろいろ事情があったにせよ、この辺りの整合性をどうつけるのか。

では、なんで『吾妻鏡』は2万などという数を唐突に出してきたのか。要するに「たくさん」を意味するにせよ、それなら1万でも3万でもいいじゃないか。それを2万と記すからには、そこには何らかの根拠があるのではないか、と反論されたら、ぼくは『日本書紀』を持ち出します。同書が伝える壬申の乱ですね。

672年、大海人皇子《おおあまのおうじ》は隠棲《いんせい》していた吉野から鈴鹿を通って尾張に出て、美濃の不破の近くに本営を置き、近江の大友皇子と対峙します。大海人皇子の軍は各所で近江軍を打ち破り、戦いの勝者となった皇子は天武天皇として即位するわけです。ここまでは歴史通の方ならよくご存じの話。

大海人皇子が吉野を出たのが6月24日。美濃に移ったのが27日。この日、皇子の一行が不破郡にさしかかったところに、尾張国の小子部連鉏鉤（読みは、ちいさこべのむらじ・さひち）が2万の衆を率いて加わったのです。大海人皇子は鉏鉤を褒め、その軍で本営を固めました。

鉏鉤は尾張国司守《おわりのくにのみこともちのかみ》とありますので、後の尾張国司の任にあった有力者でしょう。彼はなぜ短期間に2万もの兵を編成できたのか。古代史の先生方はいろいろな説明の仕方をされているようですが、どれも定説にはなっていないようです。もちろん、この時代（日本列島の総人口は多くて700万くらい？）に尾張で2万というのですから、これも相当に「盛っている」のかもしれませんね。それで興味深いことに、大海人皇子の勝利に大きな貢献をした鉏鉤は、敗者となった近江朝の重臣の処分が決定された8月25日より前に、山に隠れて自害してしまったのです。原因は不明。

上総広常もまた、やがて頼朝の命を受けた梶原景時によって刺殺されます。原因は

『吾妻鏡』には書かれていません。これは根拠のない推量ですが、『吾妻鏡』が編纂されるとき、編纂者は『日本書紀』を読んでいて、鉏鉤のことを知っていたのではないでしょうか。『吾妻鏡』編纂者には幕府の中で文事を司《つかさど》っていた人物が含まれていただろう、と考えられていますので、これは無理のない推測だと思うのですがいかがでしょうか。

当て推量はともかくとして、次のことは明確だと思います。上総広常は幕府の御家人の中で、随一の規模を誇っていた。彼の参入は、頼朝の成功に大きな意味をもちました。ところが寿永2(1183)年12月、頼朝は広常に謀反の疑いありとして、梶原景時に命じて双六《すごろく》で遊んでいる最中、広常を殺させたのです。その領地は近隣の千葉氏や三浦氏に分配されました。しばらくして、広常が神社に奉納した鎧から頼朝の祈願成就と東国泰平を祈る願文《がんもん》が発見されたため、頼朝は広常を殺したことを悔やみ、冥福を祈ったといいます。でも、広常の家を再興する、などはしていませんので、まあ、願文云々《うんぬん》は茶番にすぎません。

最後にこれもまだ考えがまとまらないのですが、『吾妻鏡』に頼朝が亡くなる前後の記事がないのは有名ですね。ぼくは今まで、まあそんなこともあるよね、とあまり真面目に考えていませんでした。ところが広常誅殺の前後も記事がない。これは偶然で済ませられるのでしょうか。

朝廷と距離を置きながら、交渉は続けていこうとする頼朝。朝廷は朝廷であって、私たち東国武士は朝廷の言うことなんか気にかけないでいい、と主張していた広常。

◆上総広常と斎藤実《まこと》の奇縁

上総広常は上総国の一ノ宮である玉前《たまさき》神社に、源頼朝の東国平定を祈念して「小桜皮威《こざくらかわおどし》の鎧」を寄進した。広常誅殺後にそれを知った頼朝は後悔した、と『吾妻鏡』は記す。この玉前神社はいまも多くの参詣者の崇敬を受けていて、一ノ宮に別荘を持っていた斎藤実（1858〜1936年）の書も残されている。斎藤は海軍大将、総理大臣を歴任し、二・二六事件で暗殺された。予定では事件前日に一ノ宮の別荘に赴いているはずだったが、グルー駐日アメリカ大使との話が弾んで出発を1日延ばし、難に遭ったという（斎藤実、国立国会図書館所蔵）。

幕府内には朝廷に対しての2つの視点があり、その代表者が頼朝と広常。そして二人とも、その死の詳細を『吾妻鏡』は語っていない。なんだろう？　ぼくは今、すごく疑問に思っているところです。

頼朝は朝廷に近づきすぎた

建久7年の政変、と呼ばれる事件があります。源頼朝は長女・大姫が後鳥羽天皇の后《きさき》となることを望んでいた。それを実現するためには、天皇の庇護者である源通親《みちちか》、後白河上皇の寵姫《ちょうき》で皇室関係にさまざまな影響力を有する丹後局と連携するのが効果的であると考えられた。ところが通親や丹後局は、頼朝が長年朝廷におけるパートナーとしていた九条兼実《かねざね》と対立していた。何としても大姫入内《じゅだい》を成功させたい頼朝は兼実への後援をやめ、通親と結ぶことにした。そのため、建久7（1196）年、関白であった九条兼実は一門とともに失脚し、通親が朝廷の実権を掌握した。だが、兼実の追い落としに成功すると通親は掌《たなごころ》を返し、大姫の入内を妨害した。大姫は翌年病没し、頼朝が得たものはなかった。彼は通親にまんまとしてやられたのであった

——というのです。

政変は頼朝の死の3年前。今までの政治史では、晩年の頼朝が対朝廷工作で大きな過ちを犯した、と評価されていました。対朝廷政策に失敗した頼朝は御家人の信頼を失った。それでついに3年後、彼は暗殺されてしまう。さすがに真実を書けないので、『吾妻鏡』には頼朝の死の前後の記事が欠けているのだ。そんな説明も以前に読んだ気がします。でも、頼朝が暗殺されたというのは論外だとしても、御家人が頼朝の失敗に失望したというのもおかしいのではないか。ぼくはその解釈にずっともやもやを感じていたのです。うまく言語化できぬまま。でも、最近になってようやくその奇妙さを説明し、ぼくなりの解説が可能になりました。

そもそも、頼朝は兼実というパートナーを失った、それで鎌倉でがっかりされた。この説明は2つの意味で、当たりません。兼実という人は藤原本家の御曹司できわめて有能でしたが、直ちに執政になれる人ではなかった。近衛基実、松殿基房という兄がいたからです。その彼に注目して後援し、連携して後白河上皇の強力な権力に立ち向かおうとしたのが、鎌倉の源頼朝でした。ですから、この二人の関係の主導権は頼朝の側にあったのです。もし通親の正体を知って「あ、間違えた」と思ったのなら、頼朝はいつでも兼実と関係を修復することができた。兼実を失ったことはいつでも挽《ばん》回《かい》が可能だったのです。

それからもう一つ。そうした朝廷との政治的な関係を、どれだけの鎌倉御家人が理解していたか。大江広元ら文官は分かっていたでしょう。けれども生粋の武士である、すなわち朝廷の重要性をあまり理解できていなかった御家人たちが、頼朝の対朝廷行動を的確に評価できたとは思えません。兼実と手を切った、ということが御家人たちの失望を呼んだとは考えにくいのです。

でも、それなら建久7年の政変を御家人たちはどう見たのか。「頼朝さまは大姫さまの入内を画策していたそうな。相当な贈り物を京都に運んだというぞ。どうしていつもいつも、朝廷だ、天皇だ、と気にするのだろう。大きな声でこれを言うと、主への許しがたい批判ということになるらしくて、上総広常どのは始末されたからなあ。まあ、おとなしくしているか。言うなかれ、言うなかれ」。多くの御家人はそう感じていたのではないか。

くり返しになりますが、鎌倉の軍事権力の正統性を得るために、頼朝は「京都とは物理的な距離をとる。だけど、朝廷の重要性はしっかり認識し、京都との交渉は絶えず行う」。上総広常は「京都は京都。鎌倉は鎌倉。オレたちの正統性は武力がもたらしてくれるので、京都のことなんて知らないよ」。この意見の対立が広常誅殺につながります。

大姫を天皇の后に。頼朝はさらに朝廷との連携を深めようとしている。平清盛の「朝廷内部に勢力を扶植する」に接近しているとさえ評せる。いや、オレたち関東武士は、頼朝さまが天皇の外戚《がいせき》になることなんて望んでないぞ。そんな路線をとった平家は、武士であるくせに、オレたちの代表ではなくなったじゃないか。だから滅んだ。というか、オレたちが滅ぼした。頼朝さま、それを忘れたわけじゃあるまいに。所詮は京都育ちのお坊ちゃまなのかなあ。おかしいなあ……。多くの御家人がそう思ったのではないでしょうか。朝廷に近づきすぎた。これこそが、頼朝晩年の失敗だ、というのが正しい評価だと思うのです。

そうした頼朝の意図を理解し、彼に忠実に行動していたのが梶原景時。だから、景時は頼朝が没すると、あっという間に弾劾され、誅殺された。それは豊臣政権における石田三成と同じ。三成は秀吉亡き後に彼を守ってくれた前田利家が没したその晩に、朝鮮出兵に批判的であった加藤清正らの襲撃を受けた。

それから、さらに時代が下ると、後鳥羽上皇との主従関係を大切にし、家庭教師を派遣してもらい、貴族の嫁をもらった源実朝は暗殺される。あれ、ということは……。ぼくは実朝暗殺の黒幕は先学の言うとおり北条義時だと思っていますので、義時こそは上総広常の後継者だということにならないかな……。

◆上総広常と九尾の狐伝説

平安後期、玉藻前《たまものまえ》という美しい女官に化けた九尾の狐が鳥羽上皇をとり殺そうとしたところ、陰陽師《おんみょうじ》に見破られて那須野（現・栃木県）に逃げ去った。朝廷は近隣の有力者である上総広常らを将軍とした討伐軍を編成し、同地で狐を追い詰めたという。その伝説を題材にしたのが幕末の浮世絵師、歌川国久（二代目）によるこの絵（3枚続きのうち左部分）。馬上の広常が正体を現した狐に矢を射かけ、とどめを刺そうとするシーンを描く。退治された狐は毒石に姿を変え、それが観光名所として名高い栃木県那須町の国指定名勝史跡「殺生石」だと伝わるが、なんとこの殺生石、令和4年3月に割れてしまったとのこと（船橋市西図書館所蔵）。

第3章　人物像を掘り下げる

「武士の鑑」畠山重忠が悪役に？

『男衾三郎絵詞《おぶすまさぶろうえことば》』という絵巻物があります。鎌倉時代後期に作成されたものとみられ、観音菩薩の慈悲と奇瑞《きずい》を説く「観音霊験譚《たん》」の一つに分類されるものです。まずはストーリーを紹介しましょう。

武蔵国の有力武士の子に、吉見二郎と男衾三郎という兄弟がいました。兄の二郎は都風の優雅な暮らしをしており、都から宮仕えの経験のある妻を迎え、観音菩薩に祈願して美しい姫・慈悲を授かります。成長した慈悲の美貌は評判となりました。一方、弟の三郎は無骨一辺倒。美人を妻にしては短命だと言って、坂東一の醜女《しこめ》を妻とし、醜い男子3人と娘2人をもうけます。

あるとき、二郎は大番役を務めるために手勢とともに上京する途中、遠江国の高師山（現在の愛知県豊橋市の東南部から静岡県湖西市のあたりに広がる丘陵地）で山賊に襲われ、激戦の中で矢に当たって命を落としてしまいます。郎党の家綱はその首と形見を持って武蔵に帰る途中、駿河国清見関で観音の示現にあい、二郎が浄土への途についたと告げられます。馬を飛ばして郷里に帰り着いた家綱は、残された母子に主人の死を知らせました。

三郎は兄の遺言に反してその所領や館を奪い、追い出した慈悲母子を粗末な小屋に押し込めてこき使いました。そんな中で男衾の館を訪れた新任の国司は、端女《はしため》となった慈悲を見初《みそ》めます。三郎夫婦は偽って自分の娘を引き合わせますが、国司は相手にしようとしませんでした。

現存する絵巻はここで終わっており、後半は散逸したと考えられます。そこは他の物語を参考にすると、観音菩薩の導きによって慈悲が救済され、国司と結ばれて幸せな生活を送ることが述べられていただろうと推測されます。

さて、ここから考察なのですが、兄弟の父は「武蔵大介《おおすけ》」を名乗っています。諸国には国を統治する国司が置かれましたが、厳密には国司は4人います。上位者から、守、介、掾、目。唐にならった律令官職の「四等官」というもので、令制の官職は4つから成り立っています。漢字はさまざまな字をあてますが、読みはみな「かみ、すけ、じょう、さかん」。たとえば財政を司る大蔵省だと、一番偉い「かみ」が大蔵卿《おおくらのかみ》、「すけ」が大蔵大輔と大蔵少輔、「じょう」が大蔵大丞と大蔵少丞、「さかん」が大蔵大録と大蔵少録、という具合です。

国司のトップは守。これは現在の県知事にあたります。ただし、平安時代後期になると、「守」は任官しても任地に赴かず、京都での生活を続ける、という事態になりました。現地には「守」が留守にしているために「留守所」という役所が生まれ、そこに所属する在庁官人が国の政務を決裁していたのです。また、在庁官人の多くは、在地の領主、すなわち現地の武士が務めていました。在庁官人のトップは守の次位の「介」を自称（千葉介とか三浦介などの名乗りにつながります）。とくに「守」が任地を留守にしている場合、「大介」を名乗ることがありました（くどいですが、これは朝廷から任じられたものではなく、自称です）。

以上の様子を踏まえると、兄弟の父「武蔵大介」は武蔵国のナンバーワン武士ということになります。さて、そこで。この絵巻を見た人は「武蔵大介」、その子の吉見二郎と男衾三郎の姿を具体的にだれに重ねあわせるでしょう。武蔵国でもっとも大きな武士団は秩父党。源平合戦の時の秩父党の党首といえば、まずは河越重頼。彼が源義経に連座して失脚すると、畠山重忠がその地位に就きます。

『吾妻鏡』は重忠を、武勇に優れ、心根の美しい「武士の鑑《かがみ》」というように描いています。男衾三郎は心は醜いのですが、武勇に励む人物である。また、重忠は埼玉県の男衾に館を構えていた。となると、男衾三郎のモデルは、重忠ではないだろうか、とぼくは考えます。

そうすると、吉見二郎はどうか。彼は京都と関係が深い。そして上洛する途中で、

◆室町の政変とも絡む清見関

図版の足利義教は室町幕府6代将軍。くじ引きで将軍に就いた「くじ引き公方」としても有名。父は足利義満。4代将軍の義持は同母の兄。政務に積極的に関与し、専制的な政治運営を行った。それが守護大名の恐怖と恨みを買い、嘉吉元（1441）年、播磨守護の赤松満祐に暗殺された（嘉吉の乱）。それ以前の永享4（1432）年、義教は富士山を見るという名目で東下し、清見関に至っている。これは実は、鎌倉公方の足利持氏を牽制《けんせい》するためであったという。それから7年後、義教は持氏を滅ぼしている（永享の乱）。
（足利義教像、東京大学史料編纂所所蔵模写）

殺害される。場所は遠江国。そうした人間をぼくは知っています。近くの清見関で討たれた梶原景時です。清見関は『男衾三郎絵詞』では、主人・二郎の死を知らせるために武蔵に帰る郎党・家綱が観音菩薩の不思議な力に触れた場所として出てきますし。そうなると、いわば善玉の畠山重忠がワルとして出てくる点と、嫌われ者の梶原景時がそれほど悪く描かれていない点が気になります。次項では、この違和感から始めて、景時の人物像を掘り下げてみましょう。

文武両道の武人だった梶原景時

梶原景時のことに前項で触れましたが、何が言いたいのかというと、彼が悪役になったのは、室町時代から、ということです。室町時代に源義経を主人公とする『義経記』が書かれて大当たりとなったのですが、この時に景時は義経を陥れるイヤなヤツとして造形されました。ですから、それまでの景時はかならずしも悪役、というふうには描かれていません。たとえば『曽我物語』。幼い曽我兄弟の排除を頼朝が言いだし、有力な御家人が次々に助命を願い出るシーンがあるのですが、その場面の景時は、千葉常胤や和田義盛とともに、兄弟の助命を願っています。

史実でいうと、城氏の反乱です。建仁元（1201）年正月、越後の有力武士、城長茂《ながもち》が京において幕府打倒の兵を挙げ、本領・越後でも甥の城資盛《すけもり》が反乱を起こしましたが、いずれもが幕府軍によって鎮圧されました。城氏は木曽義仲と戦って敗北したことをきっかけに落魄《らくはく》していたところを、景時の援助を得て幕府御家人に列していました。城氏はその恩義を忘れず、景時のかたきを討つために挙兵したと考えられています。なお、この乱で城長茂の妹、板額《はんがく》御前が女武者として奮戦しているのは有名ですね。

もう一つ、この乱に際し、藤原高衡《たかひら》が反幕分子として討たれているのも見逃せません。高衡は藤原秀衡の四男。奥州藤原氏の生き残りで、景時の庇護のもとにありました。景時は折を見て、彼の御家人への取り立てを将軍に進言しようともくろんでいたのです。

養和元（1181）年、平家政権は奥州藤原氏、越後城氏を正式な国司、つまりそれぞれ陸奥守と越後守に任命しました。国司への任官という恩を与えて、源頼朝・木曽義仲ら源氏勢力を牽制しようとしたのです。京都の貴族は田舎者に官職を与えたということで「天下の恥」と評しましたが、両者はそれほどまでに実力を蓄えた存在でした。ですから、両者を庇護して御家人への登用が成功していれば、それだけで景時は幕府内で多大な発言力を得たことでしょう。

では肝心要の源平の戦いに際して、景時はどのように行動していたでしょうか。寿永3（1184）年正月、梶原一族は源義仲との宇治川の戦いに参陣。源義経配下の嫡男・景季は名馬・磨墨《するすみ》に騎乗して佐々木高綱（名馬・生月《いけづき》に騎乗）と先陣を争いました。先陣の誉れを得たのは高綱ですが、景季もまた、武名を上げました。戦後、景時は戦勝を鎌倉に伝えましたが、その報告書は他の武将に比べてたいへん良くできていて、頼朝から事務能力の高さを称揚されます。

同年2月7日の一ノ谷の戦いでは、初めは景時が義経づきの軍《いくさ》奉行になっていたのですが、互いに気が合わず、範頼づきだった土肥実平とポストを交代しています。主力である範頼軍に属した景時、景季父子は平知盛の軍勢を相手に大いに奮戦して「梶原の二度駆け」と呼ばれる武勲を挙げました。

『平家物語』によれば景時の次男の景高が一騎駆けして敵中に突入。これを救わんと景時・景季も敵陣へ攻め入り敵陣を打ち破りますが、今度は景季が深入りしすぎて戻れなくなりました。景時は子を見捨てることができようかと涙を流し、再び敵陣に突入して命を惜しまず戦いました。これが「梶原の二度駆け」です。『源平盛衰記』によれば、このときに景季は箙《えびら》（注／矢を入れて背負う道具）に梅の花咲く枝を挿して戦っていて、坂東武者にも雅《みやび》を解する者がいると平家方からも称賛を浴びたそうです。結局、景季は平重衡《しげひら》を捕らえる手柄を立てました。

そういえば、景季は「梶原源太景季」と表記されます。源太とは「源氏の太郎くん」のこと。景季は景時の長男ですので太郎はいいとして、源はおかしい。梶原氏は平氏ですから、平太であるべきです。これはどうしてかというと、景季は源頼朝の猶《ゆう》子《し》（注／養子に近い）だったのではないか、とぼくは師匠の五味文彦に教わりました。納得できる解釈ですね。

この時期の景時は土肥実平と組んでの活動が目立ちます。本当は侍所長官と副長官ということで、和田義盛と対になるはずですが。義盛に管理能力なしとの評価で、実平が登用されたのか。それとも義盛は景時と実平をまとめる、一つ上位に位置していたか。どうも前者のような気がしてなりません。

一ノ谷の戦いの後には、景時は土肥実平とともに当時の最前線、播磨・備前・美作・備中・備後5カ国の守護に任じられました。より具体的には、景時は播磨と美作の武士の統轄に当たったと考えられています。

同年4月、平重衡を鎌倉に護送した後に、景時は直ちに土肥実平と上洛して平氏所

◆巴御前

生没年未詳。板額御前の絵は適当なものがなかったため、同じ女武者である巴御前の絵を掲げる。巴は木曽義仲のもっとも信頼できる部下、樋口兼光・今井兼平兄弟の妹とも、樋口兼光の娘ともいわれる。容姿が美しく義仲の愛人である上に、弓の技量に優れ、大力で、勇士にまさる武者働きをしたという。歴史書の『吾妻鏡』には登場しておらず、彼女の存在はフィクションかもしれない。ただし、城氏の板額御前も弓を得意とする女武者であったといわれ、武家の女性が武芸に励んで戦場にも出馬するということが、当時の、特定の地域にはあったのかもしれない。現代の女子アスリートの力強さを想起すれば、それは単なる絵空事ではなかっただろう（江戸後期の浮世絵師、勝川春亭が描いた巴御前、東京都立図書館所蔵）。

領の没収など占領地の運営に当たります。８月、平氏の後背をつくために範頼が中国地方経由で九州に出発します。頼朝は範頼に対し、遠征では景時と実平によく相談するよう命じています。

このあと、話はいよいよ有名な「逆櫓《さかろ》」の論争になります。

名将・韓信と義経の違い

一ノ谷の戦いの後、鎌倉勢は源範頼を大将として、中国地方へ兵を進めました。当時の先進地域であった西国は平氏の根拠地だったので、平家に心を寄せる武士を掃討していく必要があったのです。源平の戦いというと、一ノ谷の戦いのあとは、屋島の戦い、壇ノ浦の戦い。そしてこの関門海峡で、平家滅亡。そう理解されていますが、範頼軍の存在を忘れてはなりません。鎌倉勢の本隊は、あくまでもこちらなのです。

範頼軍は兵糧不足に悩まされながらも少しずつ西進し、現在の山口県に到達すると、なんとか船を調達して九州に上陸。大宰府を掌握する大蔵一族の原田種直らと交戦してみごと勝利し、ついに北九州を制圧しました。この動向を踏まえておかないと、壇ノ浦の戦いが分かりません。山口県も福岡県も範頼軍に押さえられていたからこそ、壇ノ浦の海戦で敗北した平家諸将は行き場を失い、入水《じゅすい》を余儀なくされたのです。

範頼が京都を発し、山陽道を進んでいた頃、源義経は京都の治安の維持に努め、後白河法皇との結びつきを強めていました。それは源頼朝の猜疑《さいぎ》心を募らせる行為であり、頼朝は平家との戦いへの義経の起用を躊躇《ちゅうちょ》していました。ですが、範頼軍の動きが停滞を見せていたために元暦2（1185）年正月、頼朝は義経の起用を決します。摂津国で軍を編成させ、讃岐国屋島の平氏の本営を直に攻撃することを命じたのです。

ここで起きたのが、いわゆる「逆櫓論争」でした。『平家物語』によるならば、義経の軍に属した梶原景時は兵船の先端に逆櫓をつけ、通常の櫓で進むだけでなく、逆櫓を用いて退くことができるようにすべしと提案しました。これに対して義経は、戦いは一歩も下がるまいと思ったときでも下がりがちなものだから、そんなことをすれば兵が臆病風に吹かれてしまうと反対。景時が「進むのみを知り、退くを知らぬは猪《いのしし》武者である」と言うと、義経は「初めから逃げ支度をしていては戦には勝てない。私は猪武者で結構である」と言い返したのです。

逃げ支度の臆病者呼ばわりされた景時は深く恨み、それが頼朝への讒言につながった、といわれます。『吾妻鏡』の記述に従うと当時景時は範頼の下にいたと考えられ、『平家物語』のこの逸話は虚構の可能性があります。ただし、範頼の侍大将として侍所長官の和田義盛が働いていたので、別動隊である義経軍に副長官の梶原が配されていた、というのはリーズナブルなのです。これを踏まえて「逆櫓論争」を考えてみましょう。

漢の名将・韓信は趙《ちょう》の軍と戦ったときに、わざと川を背にして陣を構えました。これでは兵たちは、川の流れにのまれるので退却できません。前に進むしかない。そういう決死の覚悟をさせることにより、敵を打ち破りました（井陘《せいけい》の戦い）。これが有名な「背水の陣」の語源です。「一歩も退けない絶体絶命の状況の中で、全力を尽くすこと」ですね。なおこのとき、趙の軍師だった李左車（漫画『キングダム』の主要キャラクター、李牧の孫）は捕らえられた後に韓信に軍事の助言を求められると、「敗軍の将は兵を語らず」と言って口を閉ざしたといいます。

逆櫓を嫌い、前進のみを考える義経は、背水の陣を敷く韓信と類似するように見えます。ですが、ぼくは違うと思うのです。趙軍を打ち破った後、左右の部下が韓信に問いかけます。「兵法では山を背にして陣を組むべしと書かれているのに、今回はその逆、川を背にして勝ってしまいました。これはいったいどう考えればよいのでしょうか」。すると韓信は答えました。「わたしはまだ、このにわかづくりの軍の将兵の心を掌握していない。それはまるで、市場の群衆を戦わせているようなものだ。彼らを死地に置き、必死で戦ってもらわない限り、戦いの恐怖でみな逃げてしまうだろう。そこであの陣にしたのだ」

ここです。韓信の兵はまとまっていなかった。士気

◆屋島古戦場と高松城

讃岐の武家の拠点というと、室町時代に守護・細川氏が守護所を置いた宇多津である。細川氏の勢力は四国全域に及んだから、宇多津は讃岐のみならず、四国の中心でもあった。生駒親正（1526？〜1603年）は織田信長・豊臣秀吉に仕えて功績を挙げ、1587年に讃岐一国を得た。彼は引田城、宇多津の聖通寺城に入るが、手ぜまとなり、翌年に古戦場の屋島近くに高松城を築いた。この城が近世讃岐の中心となった（写真は高松城跡＝香川県高松市）。

が低かった。だから、退路を断つ、という非情の一策が必要だった。この当時、中国ではすでに一種の総力戦でぶつかりあっていたから、兵はプロではありません。日頃はそれぞれの生活を営んでいる一般の人です。だから戦えと言われても、怖くて足がすくむ者がほとんど。となると、どうやって彼らを血みどろの戦いに前向きに参加させるか、士気を上げるか、ということが指揮官の最大の課題になるのです。だから韓信は、あえて彼らを死地に放り込んだ。退路を断ったわけです。それが背水の陣でした。

でも、義経が率いていたのは、武士でした。数は多くない。でも、みんなが戦う決意を固めていた。この軍隊に一騎がけをする関羽や張飛はいりません。これ見よがしに青竜刀を振り回して味方を鼓舞する必要がないのです。となると……。逆櫓論争は、ぼくは義経が猪武者だと思わざるを得ないなあ。屋島の戦い、壇ノ浦の戦いなど、彼の船戦は、「勝つべくして勝った」のではなく、運が良かっただけではないかなあ……。梶原アゲ・義経サゲの話、次項も続きます。

義経の勝利は幸運だっただけ？

さて、前項で扱った「逆櫓論争」を引き続き考えてみましょう。船が退くのに便利な逆櫓を取り付けるべしと説く梶原景時。初めから退くことを考えていたら、戦には勝てない。よって逆櫓は不要とする源義経。上に立つ者としてどちらが正しいかと問うなら、もしもの事態にも備える景時に軍配を上げたくなりますが、いかがでしょうか。命のやりとりでは、何が起きるか分かりません。通常の常識や理知的な思考を大きく逸脱する狂気を、それは引き出すのです。ならば、冷静な指揮官ほど、逆櫓の準備を推奨するように思います。

反論は当然あるでしょう。戦いには「勢い」こそが大切だ。そうした主張は一概に否定できないのです。漫画『キングダム』で、なぜ主人公の信はわざわざ敵軍の大将と一騎打ちをするのか。三国志の関羽がなぜ青竜刀を振り回して、先陣をきって敵陣に突撃するのか。答えは、「勢い」です。指揮官が率先して戦う姿を見せることにより、「勢い」を醸成し、兵の士気を高める。兵にやる気がないならば、どんなに兵器が優秀でも勝てません。私たちはいま進行しているウクライナでの戦争で、それをイヤというほど見せつけられているではありませんか。まあ、ロシア兵の士気が上がらぬのは、戦いに大義がないからですので、勢いの話とは少しだけズレるのですが。

『キングダム』も関羽や張飛が超人的な活躍を見せる『三国志演義』もフィクションです。ですが、正史を見ても関羽は袁紹《えんしょう》軍の将軍である顔良を斬っています。張飛は長坂《ちょうはん》の戦いで殿《しんがり》を務め、曹操の大軍に仁王立ちしてみせました。一方で呉の司令官である周瑜《しゅうゆ》が一騎がけをするような描写は、『三国志演義』にすらありません。フィクションであっても、そこはきっちり描き分けている。衆に抜きんでた膂力《りょりょく》（注／腕力）をもち、武芸に秀でた関羽や張飛のような武将が、兵を奮起させるため、勝利を目指すためのスキルとして、陣頭や殿軍《でんぐん》にひとり立つのでしょう。

こう見ていくと、義経も「軍勢の勢い」をこの上なく重視したのでしょうね。だから、逆櫓などもってのほかと考えた。とはいえ、彼の軍事行動は、出だしから相当に危ういものでした。屋島の攻略を目指した義経は、元暦2（1185）年2月18日、暴風雨の深夜に渡辺の津（現在の大阪市中心部）を出航します。諸人は危険であると止めましたし、船頭らも悪天候を恐れて出航を拒みました。ところが義経は郎党に命じて船頭を脅させ、5艘《そう》150騎で出航を強行したのです。同日午前6時、義経の船団は4時間ほどで阿波国勝浦に到着しました（『吾妻鏡』）。

渡辺の津から勝浦までの距離は分かっています。所要時間も分かっていますので、船の速度は計算できます。実はぼくはテレビの企画で、このスピードで走る漁船に乗り、屋島周辺を航行したことがあります。もちろん、救命胴衣をつけて。船は当時とは比べものにならぬくらい安全だし、むりなくスピードが出る。でも、運動神経が鈍いぼくは、立っていられませんでした。それくらいの速さなのです。義経たちは強風に吹かれる粗末な船に乗り、しかも海に落ちたら確実に沈む重い鎧（20キロはあります）を着た状態で、四国にたどり着いた。いくら「勢い」重視とはいえ、これは……。

こんな悪天候では、源氏軍は動けまい。普通の人ならそう考える。ところが義経はそうした暴風雨をものともせずに屋島を襲います。しかも阿波方面、つまり屋島の背後から。すっかり不意を打たれた平家軍は、兵力では遥《はる》かにまさりながら、義経たちがわずかな兵であることを知らぬままに敗走します。下関の彦島を目指して逃げていったのでした。そしてこの後、天候が回復してから、兵船を整えた梶原景時らが屋島に到着します。「今ごろ何をしに来たのか」。景時は義経の嘲《あざけ》りを受けることになりました。

屋島の戦いは、「勢い」を計算に入れた義経の作戦勝ちだったのか。それとも、彼は運が良かっただけか。たぶん議論は分かれるでしょう。ぼくはどうにも後者のような気がしてなりませんが、ともあれ、この段階で平家は彦島に行くしかなくなった。そこで引き続き、壇ノ浦の戦いに言及しましょう。

　歴史好きな方はご存じでしょうが、ここでも義経は「タブー」を

◆壇ノ浦の戦いと赤間神宮

貞観《じょうがん》元（859）年に阿弥陀寺として開山したと伝わる。壇ノ浦の戦いで亡くなられた安徳天皇の供養のため、建久2（1191）年、後鳥羽天皇の勅命により御影《みえい》堂が建立され、以後広く崇敬を受けた。明治維新後の神仏分離令により阿弥陀寺は廃され、神社に。明治8（1875）年、赤間宮となり、昭和15（1940）年、官幣大社に。また赤間神宮に改称した。境内には平家一門の供養塔（七盛塚）や耳なし芳一ゆかりの芳一堂がある（写真は竜宮造りの水天門を持つ赤間神宮＝山口県下関市）。

犯します。船を操作する「水主・梶取」（かこ・かんどり、と読む）の射殺を命じて、平家の船の動きを止め、一挙に平家水軍を打ち破ったのです。水主・梶取は源氏・平氏、どちらにも属さない中立の民間人です。戦場に大量の雑兵が連れてこられるのは、早くても南北朝時代。源平の戦いは、先述しましたが、プロの戦士とプロの戦士の戦いです。ですから、民間人は巻き込まないのがルールでした。この意味で水主・梶取の射殺は、武士としてはしてはならぬ行為。のちに武士道となる「兵《つわもの》の道」に背く振る舞いでした。義経と景時、もう少し考えてみましょう。

大将は自ら突撃しないはず

淡路島の南に沼島《ぬしま》という小島があります。勾玉《まがたま》形の島で、北西側の真ん中に漁業中心の集落と沼島漁港があります。島からまっすぐ西に向かえば、四国の徳島市、という地理。

江戸時代末期に漁業や海運業で最も栄え、昭和30年頃までは人口2500人ほどを擁していましたが、その後は人口減少に向かっています。

この島は水軍の根拠地でした。淡路島の大名となった脇坂安治《やすはる》に属した沼島水軍は、豊臣秀吉の朝鮮出兵などにもかり出されています。この沼島水軍のもともとの頭領は梶原氏で、梶原景時の子孫を名乗っていました。島内には鎌倉時代前期のものと鑑定されている景時の供養塔、梶原一族のお墓もあります。

沼島水軍の頭領が、本当に梶原景時の血筋であったかどうかは定かではありません。おそらくは頭領は血はつながってはいないけれども、もはや本家は滅びてしまっていて、どこからもクレームがつきそうもない梶原の名を使ったのではないかな。でも、問題は沼島の水の武士団が、なぜ梶原の名を知っていたか、です。

梶原景時は屋島の平家と戦うことになった源義経を補佐する立場にありました。その第一の役目は、船を調達することでした。鎌倉武士は馬の扱いに熟達していましたが、海と関わりをもっていません。船をそもそも持っていなかった。だから屋島を襲撃するためには、船の数をそろえる必要があった。景時は沼島に水軍があるのを知り、味方に勧誘するため自ら島に渡ったのではないでしょうか。

当時の軍勢の編成を考えてみましょう。総大将である平清盛は京都を、源頼朝は鎌倉を離れない。それで遠征軍が組織されるのですが、大将となるのは一門の御曹司です。平家軍は富士川の戦いのときも、その後の北陸制圧戦のときも平維盛《これもり》が大将軍になりました。彼は清盛の長男、重盛の長男です。光源氏の再来といわれた彼は実戦は不得手で、侍大将として富士川は藤原忠清、北陸は平盛俊、藤原景家、藤原忠綱（忠清の子）がつきました。

源氏であれば、頼朝の弟の源範頼、源義経が大将です。で、侍大将は和田義盛と梶原景時。この二人は侍所の長官と副長官です。その補佐についたのが、どうやら土肥実平。景時と実平は、関東武士には珍しく事務仕事に堪能であったので、この任務を託されたようです。

貴公子と老練な補佐役の組み合わせ。これは後々、織田信長もやっています。長年の宿敵であった武田家を滅ぼすときの織田の大軍。総大将は嫡男（というか実権はともかく、織田家の家督は継承済み）の信忠。軍勢を差配する侍大将は「引くも滝川、進むも滝川」と戦上手をうたわれた滝川一益《かずます》。結果、武田家は滅亡し、滝川は上野と信濃の一部、60万石ほどの広大な領地を与えられています。

本能寺の変で実現しませんでしたが、まさに渡海しようとしていた四国討伐軍の総大将は三男の信孝（宣教師によると、もっとも信長に似た器量人という）、侍大将は丹羽《にわ》長秀。この軍事作戦が成功した暁には、信孝、長秀にはそれぞれ四国中の一カ国が与えられる予定だったのかもしれません。

こう見ていくと、義経の奇妙さが際立ちます。大将は自ら突撃したりはしないのです。軍事行動の先頭に立ったりはしないのです。良い悪いは別として、今回のロシアの対ウクライナ軍事作戦。ロシア兵の士気が全く上がらないため、将軍が最前線に赴いて兵たちに演説したり陣頭指揮をしたりしている途中、ウクライナのスナイパーに狙撃されて何人も命を落としているようです。これが実にまずいのは、言うまでもない。

徳川家康は「味方の盆の窪《くぼ》ばかり見ているようでは、戦いに勝つことはできない」との言葉を残しています。盆の窪とは、うなじの中央のくぼんだ所。頸窩《けいか》ともいうようです。要するに、味方というか部下の後ろについて回っていては、勝てない。大将はときには前線に出て、士気を高めよ、というわけです。ですが、あくまでも「ときには」。当時の武将が着ていた「当世具足」はとんでもなく目立ちますよね。あんなものを着て最前線にいたら、間違いなく鉄砲の集中砲火を浴びて蜂の巣。今般のロシア将官のようになります。

指揮官には指揮官の、侍大将には侍大将の役割があります。指揮官は後方に控えて合戦の全体を観察し、指令を飛ばす。侍大将は戦線を構築し、指令を受け取り、兵を鼓舞して戦う。両者は仕事内容が異なるのですから、一緒にはできない。このあたりは、会社でも同じことがいえるはずです。そういえば数年前、中日ドラゴンズの谷繁

◆神話と水軍の島、沼島

淡路島の南4・6キロに浮かぶ島。兵庫県南あわじ市。江戸時代は阿波徳島藩領で、明治9年に兵庫県の管轄となった。漁業や海運業で栄えたが、近年は人口流出が続いている。日本神話によると、イザナギノミコト・イザナミノミコトの2神が、天上から「天沼矛《あめのぬぼこ》」で青海原をかき回し、その矛を引き上げた際、矛の先から滴り落ちた潮が凝り固まってオノゴロ島となった。2神はここに降り立ち、国産みを始めるのだが、このオノゴロ島こそ沼島であるとする説もある。

元信監督（注／当時）はプレーイングマネジャーだったので、「代打、オレ」とやってスタンドを大いに沸かせました。でも、選手も監督も、なんて重圧には、谷繁ほどの名手でもそうそう長く耐えられない。

ところが、ところが。義経は部隊の指揮官であるくせに、自ら最前線に出るわけです。これはそもそも「おかしい」のだということを指摘しなくてはならない。景時が地道に船を調達しようとあくせく動いているときに、義経は相手に突撃することばかり考えている。逆櫓論争だけじゃなく、景時は「やってらんねえや」と思ったことでしょう。

戦争にも「禁じ手」はある

平将門の叔父に平良文《よしふみ》という武士がいました。延長元（９２３）年、36歳のときに醍醐天皇から勅令を受け、東国に下向し、相模国の賊を討伐したと伝わります。将門が反乱を起こしたときには藤原秀郷や平貞盛に味方し、乱の平定に力を尽くしました。

彼は武蔵国熊谷郷村岡（現・埼玉県熊谷市村岡）に本拠を置いたとされ、村岡五郎を称していたようです。その地は箕田《みだ》源二の所領と隣り合っていたらしく、互いの家来がそれぞれ悪口を吹き込んだことから、二人は険悪な関係になった。箕田源二というのは嵯峨源氏で、左大臣・源融《とおる》のひ孫にあたる武人。武蔵国足立郡箕田村で生まれ、箕田源二と号しました。名は宛《あつる》。彼の子が、大江山の鬼退治で有名な源頼光四天王の筆頭、渡辺綱ということになります。

五郎と源二は、では合戦でけりをつけようと話をまとめ、兵を率いて示し合わせた野原にやってきます。お互いに使者を出してそれぞれの正当性を訴えた後に両軍の矢合わせとなる。その時に二人は手出し無用と家来たちを制止し、一騎打ちを行いました。馬上から矢を放ち、またそれをかわすわけですが、二人の技量はすばらしいもので、敵味方からやんやの喝采が送られました。命を懸けた対決を通じ、両者は認め合うに至ったのです。私たちは互いに卓越した武士である。また、父祖以来の敵同士、ということではない。今後は仲良くやろうではないか。二人はそうやって和解したといいます。

この話は『今昔物語集』に収録されています（巻25第3話）。すべてが史実とは限りませんが、武士たちの姿をよく示しています。正々堂々の一騎打ち。武士としての技に対する敬意。それから、右に記したように、戦闘の前に使者を行き来させるらしいのですが、彼らが自陣に帰るまでは背中に矢を放ってはいけない、使者はそれを信じて馬を急がせることをしないでゆっくりと、また後ろを振り返らないで陣に帰る。それができるのが立派な武士だ、ともあります。

関東の武人たちは、源頼朝が出現するまで、彼らそれぞれの行動が「善か悪か」「正しいのか間違っているのか」を判定してくれる存在をもちませんでした。だからこそ、彼らなりの正義を「兵の道」というかたちでまとめ上げ、分有していったのです。それは後の武士道につながっていくもので、具体的にどうこうという微細な点までは分かりませんが、人として美しい行動をしよう、目的も大切だが手段も大切、と説くものだったと推測されます。おそらく、「勝てばよいのだろう」は兵の道にはずれるんじゃないかな。

太平洋戦争で日本の主要都市のほとんどは、B29による爆撃を受けました。空襲のために40万人もの尊い人命が失われたとされますが、強調してもし足りないのは、それらほとんどが民間人だったということです。彼らは銃を持っていないのに殺された。女性も子供も、焼夷《しょうい》弾で焼かれたのです。

当時の戦争はそうしたものだった。だから、指揮官が「ジャップどもにパールハーバーの恨みを思い知らせてやれ！」と爆撃機搭乗員に訓示しているフィルムを見ても、アメリカはなんてひどいことをしたんだ、とは思わぬようにしています。すべては戦争の狂気のせい。でも、それから80年近い年月が流れた今も、ウクライナでまた民間人が、女性やお年寄りや子供たちが犠牲になっている。それはどこからどう見ても、人間の所業ではありませんよね。

ぼくは戦いというのは生きるか死ぬかだから、そこに礼儀なんてない、とかつては思っていました。勝てばよいのだろう、と思っていました。でも、やはり国と国の総力を挙げた戦いだとはいっても、やはり「やってはならないこと」はあるんじゃないか、と思い直しています。また、「やってはならないこと」は「兵の道に背くこと」と、重なるんじゃないかな。

屋島の戦いの時の、那須与一の話は、ご存じの方も多いと思います。戦いが夕刻に及び、休戦状態になったとき、平氏陣営から美女の乗った小舟が現れ、竿《さお》の先の扇の的を射てみよと手招きします。義経は下野国の弓の名手、那須与一に弓を射させた。するを見事、与一の矢は扇の的を射抜いたのです。ここまではあっぱれな話。でも続

郵便はがき

100-8077

63円切手を
お貼りください

東京都千代田区大手町1-7-2

産経新聞出版　行

お名前《フリガナ》	
性別　男・女	年齢　10代　20代　30代　40代　50代　60代　70代　80代以上
ご住所　〒 （TEL.　　　　　）	
ご職業　1.会社員・公務員・団体職員　2.会社役員　3.アルバイト・パート 4.農工商自営業　5.自由業　6.主婦　7.学生　8.無職 9.その他（　　　　）	
・定期購読新聞 ・よく読む雑誌	
読みたい本の著者やテーマがありましたら、お書きください	

書名　鎌倉幕府の真実

このたびは産経新聞出版の出版物をお買い求めいただき、ありがとうございました。今後の参考にするために以下の質問にお答えいただければ幸いです。抽選で図書券をさしあげます。

●本書を何でお知りになりましたか？

□紹介記事や書評を読んで・・・新聞・雑誌・インターネット・テレビ

媒体名(　　　　　　　　　　　　　　　　　　　)

□宣伝を見て・・・新聞・雑誌・弊社出版案内・その他(　　　　　)

媒体名(　　　　　　　　　　　　　　　　　　　)

□知人からのすすめで　□店頭で見て

□インターネットなどの書籍検索を通じて

●お買い求めの動機をおきかせください

□著者のファンだから　□作品のジャンルに興味がある

□装丁がよかった　□タイトルがよかった

その他(　　　　　　　　　　　　　　　　　　　　　　　　)

●購入書店名

＿＿＿＿＿＿＿＿＿＿＿＿＿＿＿＿＿＿＿＿

●ご意見・ご感想がありましたらお聞かせください

（ご回答いただいたご意見・ご感想は広告等で使用させていただく場合があります。）

きがある。

与一の妙技に、沖の平氏は船端をたたいて感嘆し、陸の源氏は箙《えびら》をたたいてどよめいた。すると年の頃は50ほど（当時では老人）の平氏の武者が、興に乗って扇のあった舟で舞い始めた。敵の武者の腕前を称賛しているのです。これぞ「兵の道」。ところがところが。義経はこの老武者を射るように命じた。与一は彼も射抜き、舟底に射倒した。平家の船は静まり返り、ある者は思わず知らず「あ、射

◆「兵の道」と流鏑馬《やぶさめ》

8月15日は現代の私たちにとっては終戦の日であるが、伝統的には放生会《ほうじょうえ》の日であった。平安京を守護する石清水八幡宮では、魚や鳥を山川に放す儀式が行われた。一方、鎌倉の鶴岡八幡宮では同じ日に流鏑馬が催された。このことから流鏑馬とは、相手を打ち負かすための弓術や馬術の妙技を披露するだけでなく、生命に感謝し、神に感謝する神聖な行事であったことがわかる。なお現在はサラブレッドを乗馬としているため、スピードが速くなって、射手はたいへん、という話を聞いたことがある（写真は鶴岡八幡宮の崇敬者大祭で行われた流鏑馬。疾走する馬上から矢を射る射手＝神奈川県鎌倉市）。

た」とつぶやき、ある者は「心無いことを」と言ったのです。え？　義経って「勝てばよいのだろう」派の人ですか。

平家を滅ぼした壇ノ浦の合戦でも、義経は平家の船の「水主《かこ》・梶取《かんどり》」の射殺を命じています。彼らは中立の立場の、民間人。どう見ても、義経の行動は「兵の道」を外れていますね。この視点に立ってみると、源義経という武将は、とても英雄とはいえないんじゃないでしょうか。

頼朝が最も信頼した一族

梶原景時についてはいろいろとお話ししてきましたので、景時と並んで2代鎌倉殿・源頼家を支える立場にあった比企氏について語っていきたいと思います。

比企氏については分からないことがあまりにも多い。一族が北条氏に攻められて滅びているために、然《しか》るべき史料が残されていないのです。ですがそれにしても、どんな系譜をもつ、どんな家だったのか。どうもよく分かりません。

『吾妻鏡』の記述によると、比企掃部允《かもんのじょう》と比企尼が夫婦。比企尼は源頼朝の乳母の一人です。乳母の筆頭は山内首藤家の女性でしょうから（この家は代々源氏当主の乳母を出していた）、比企尼の席次は2番手以下になります。けれども、彼女の頼朝への愛情はたいへんなもので、平治の乱の後に頼朝が伊豆に流されると、自らの所領である武蔵国比企郡から20年にわたって生活物資を送り続けた。頼朝がいつかは武家の棟《とう》梁《りょう》として再起し、鎌倉の主になるのが分かっていたのなら、懸命に援助し続けられたかもしれない。ですがそんなことは、当然分からないわけです。頼朝は一生、世に出られなかったかもしれないし、道半ばで早世したかもしれない。でも尼は、そんなことは関係なく、ひたすら物資を送っていた。普通にできることではありません。頼朝が「母」を思い浮かべたときに（実母は平治の乱以前に他界）、まず思い浮かべたのは比企尼の面影だったことでしょう。

蛭《ひる》ケ《が》小《こ》島《じま》で生活していた頼朝には、１人だけ従者がいました。それが藤九郎盛長です。比企氏と彼はとても深い縁があるので、この人について考えてみたいと思うのですが……実はまた、この人がどこの馬の骨か、分からない。権威ある系図である『尊卑分脈』には藤九郎は小野田氏の一員で、のちに有力御家人に名を連ねる足立遠元の叔父さん（ただし年齢は遠元が上）というふうに記されています。ただし、『尊卑分脈』

は貴族については確かなのですが、朝廷の周辺で編纂されたものなので、鎌倉初め頃の武士についてはあまり信用できない。

藤九郎はのちに安達氏を名乗る。両方とも読みは「あだち」なので、足立遠元の一族と安達藤九郎盛長は一緒くたにされたのかもしれません。ですが藤九郎が安達を名乗るのは、頼朝が奥州平泉の藤原氏を滅ぼした後に、福島県にあった広大な「安達荘」を盛長に与えたから。安達といえば、安達ケ原の鬼女の伝承が想起されますが、まさにこの地を家名にした。ですから安達と足立が一族のはずは、ほぼほぼないわけです。

『吾妻鏡』文治4年11月9日条を見ると、熱田大宮司家のお嬢さまである頼朝生母の弟に祐範という人がいて、この人は伊豆に流されていく14歳の甥のために、郎従1人を付き従わせた、とあります。また、『尊卑分脈』に祐範の兄・法眼範智のところに「藤九郎盛長人云々」と舌足らずな書き込みがあります（初めに注目したのは愛知学院大学の福島金治《かねはる》さん）。何が言いたかったのかは正確には分からないのですが、範智は藤九郎と深い関係がある人かもしれない。とすると、頼朝を伊豆に送り届けた祐範の郎従こそが、そのまま現地にとどまって仕え続けた藤九郎だった可能性もある。ただし

『吾妻鏡』は通常は、「この付き従った郎従が安達盛長である」と種明かしをしてくれるのに、書いてないんですね。となると、伊豆へ送ってくれた人は、藤九郎その人ではないのかな？　いや、それにしても、彼が熱田大宮司家に仕える、氏素性がたいしたことのない武士だった可能性は相当に高いと思います。

◆頼朝後裔《こうえい》を称した戦の島津家

薩摩島津家は戦国時代に「わが家は源頼朝の子孫である」と称し、惟宗ではなく、源を名乗っていた。『尊卑分脈』をみてみると、忠久は頼朝の落胤として記載されている。現在の源頼朝の墓所を江戸時代に修復したのも、島津家である。なお、この絵の人物は島津以久《もちひさ》（1550～1610年）。有名な島津4兄弟の従弟にあたる人物で、のちに日向・佐土原3万石の藩主になった。昭和天皇のお嬢さま、貴子さんが嫁いだのが、佐土原島津家である（島津以久像、東京大学史料編纂所所蔵模写）。

さて、ここで比企尼が関係してきます。『吉見系図』によると、尼の長女は京都で生活していたらしく、惟宗広言《これむねのひろこと》（歌人として名を残す）という下級官人とのあいだに2人の男の子をもうけていた。ですがやがて藤九郎の妻となり、安達景盛と女子を産んだ。女子は源範頼に嫁いで、その子が吉見氏を興す。そう書いてあります。

年齢的にどうでしょうか。たとえば藤九郎が20歳で伊豆の頼朝に仕え始めた、とする。尼の長女は仮に23歳で、2人の子をすでに産んでいるとする。無理は、ないですよね。この時点で尼に命じられて、京都の生活を切り上げて伊豆へやってきた。藤九郎と長女は夫婦となり、頼朝の世話にあたった。やがて夫妻には男の子と女の子が生まれた。うん、ここでも年格好は大丈夫そうですね。尼はもしかしたら何人かの下男・下女を送り込んでいて（なにせ人件費が本当に安い時期ですので）、藤九郎と長女に統轄させたかもしれない。すると、伊豆の頼朝の生活は、頼朝と藤九郎だけのむさい男所帯ではなく、それなりに家族っぽくて充実していたのかもしれません。

こう想定してみると、「きれいなお姉さん」的な長女（頼朝よりも10歳くらい上かな？）と頼朝に男女の関係を想定し、長女の子である惟宗忠久は頼朝の落胤《らくいん》だとする薩摩・島津家の伝承は、ある程度の説得力を持つことになります。もちろん忠久は京都で生まれているはずなので、デタラメでしょうけれど。忠久は尼のもとで過ごしたのか、伊豆の母と暮らしていたのか。どちらにせよ子供の頃から頼朝には親しんでいたでしょう。それで後年の頼朝は、忠久をかわいがった。彼こそはあの島津家の初代、島津忠久です。

なぜ安達盛長は北条に鞍替えしたのか

伊豆国の蛭ケ小島で流人生活を送る源頼朝。彼に近侍するのは藤九郎盛長とその妻。妻は比企尼の長女で、彼らの生活物資は武蔵国比企郡に住む比企尼のもとから運ばれていました。もしかすると、藤九郎夫妻の指示でまき割り・水くみ・洗濯などの家事労働を行う人員までも、比企尼は手配していたかもしれません。そんな頼朝の流人生活を、前項では想像してみました。夫妻の間には後に景盛、時長を名乗る男児２人と、頼朝の弟の範頼に嫁ぐ女の子が生まれるので、頼朝の周囲はにぎやかだったのではないでしょうか。

また前項では、藤九郎は頼朝の母方、熱田大宮司家ゆかりの武士だったのではないか、と推測してみましたが、要するに大した背景をもっていなかった人だろうと考えられます。そうすると、彼は比企の女性を妻とし、比企家に食べさせてもらって20年ほどを過ごしたことになります。まさに婿と言っても差し支えないような、比企の一員であったわけです。ところがその後の歴史を見ると、藤九郎の安達氏は、北条本家の嫁を輩出する家となります。建長寺を建てた北条時頼、北条の専制を完成した貞時、最後の当主である高時は、安達氏の女性を母としています。北条と安達は、密接な関係を築いているのです。

13人の合議制が成立したころから頼家将軍の退場まで、幕府における権力闘争の基本的な対立軸は、頼朝の外戚・北条氏VS.頼家の外戚・比企氏というものでした。比企側についた御家人はこのあと、争いに勝ち残った北条氏の勢力が拡大するにつれ、いわば「冷や飯を食わされる」立場に追い込まれていきます。となると、藤九郎、いや安達盛長は、いつのまにか比企陣営から離脱し、北条時政に接近していたと見るべきですね。この転換はなんなのでしょう?

当時の血縁と婚姻でのつながりは、たいへんに強固でした。たとえば建暦3（1213）年の和田合戦で、一族の和田義盛に味方しなかった三浦義村は、衆人の面前で「三浦の犬は友を食らうぞ」と罵《ののし》られました。義村の子の泰村が滅ぼされた宝治元（1247）年の宝治合戦では、毛利季光（大江広元の子）は泰村の妹を娶《めと》っていたがために、負けを承知で三浦に味方し、果たして泰村とともに自害しています。では盛長の去就は、さて？

こうしたことを踏まえてみると、注目すべき事件が『吾妻鏡』に記されていることに気づきます。正治元（1199）年の春、安達景盛はいかなる縁があったのか、京から美しい女性を呼び寄せました。彼女に目を付けた頼家は7月16日、景盛に三河国での仕事を言いつけます。景盛が家を留守にすると恋文を届け、26日には彼女を強引に奪います。さらには8月、鎌倉に帰って状況を知った景盛が恨みを含んでいると聞くや、側近の小笠原長経に命じて、彼を討とうとします。この騒ぎを聞きつけた母の政子は嘆き、どうしても景盛を討つならば先に私に矢を向けよ、と叱り飛ばしました。頼家は渋々、景盛の追討を取りやめたのです。

さてこの騒動をどう解釈するか。なお13人の合議制は4月に発足しています。

①まずは深掘りせずに、そのまま記事を読む。さすがにこんなひどいことをされたら、比企家グループに属していた安達氏は態度を変えざるを得ない。頼家を後援して

いる比企と距離を取り、北条グループに鞍替《くら》えする。北条時政とともに、頼家の打倒を目指す。愛人の一件はみんなも知っているので、態度を変えても、非難はされまい。こうした一件があったので、安達盛長・景盛は北条グループに属するようになった、と見ます。

②いや、騒動以前から、安達家は北条に接近していた、とする見方も成り立ちます。

◆安達景盛が造営した金剛三昧院《さんまい》

建暦元（1211）年、北条政子の発願により、夫である源頼朝の菩提を弔うため高野山に禅定院という寺院が建てられた。開山には禅宗の栄西も招かれた。さらに承久元（1219）年、政子は暗殺された息子の源実朝のために禅定院を改築して金剛三昧院と改称。実朝に仕えた葛山景倫《かげとも》（願性）と安達景盛が奉行となり、貞応2（1223）年ごろには多くの堂舎が完成した。写真の多宝塔はこの時のもので国宝。石山寺に次ぐ古さ。なお、金剛三昧院は宿泊が可能なので、興味ある方はぜひ！（世界遺産に登録されている高野山金剛三昧院の多宝塔＝和歌山県高野町）

北条は、頼朝の在世時から、水面下で盛長・景盛の取り込みを図っていた。頼朝没後にこの動きは表面化するが、頼家はそれが面白くない。そこでわざと愛人を奪う挙に出て、安達に嫌がらせをした。もしくは討伐まで企てた。ところが、政子によって阻止された。こういう見立てもアリ、かもしれません。

③最後に、記事自体が捏造《ねつぞう》、と強弁する荒技もあります。『吾妻鏡』が編纂された時期は、北条氏は当然繁栄していたわけですが、安達家もそれに次ぐ勢力を誇っていました。ですから、安達盛長が「兵の道」に背くような行為を選択するのはまずい。頼朝が没して頼家が登場してみると、どうも比企よりも北条が勝ちそうだ、と盛長は判断した。それで北条に急接近した。ところが見方によっては、それは実利を優先した、比企への裏切りにも見える。そこで後年の編纂者は、安達家に忖度《そんたく》した。妙な愛人強奪事件を捏造し、安達の選択の正当性を主張した。うーん、これだと、陰謀論と言われますかね。

①であれ②であれ③であれ、ともかくも安達盛長は北条時政に与《くみ》して比企討伐を支持し、その結果、北条氏とともに栄えていくのです。

第4章　古文書抜きに日本史は語れない

歴史研究者に向くタイプ

ぼくは研究者の第一の資質は、旺盛な知的好奇心だと思っています。今までとは毛色の違う史料が発見されたり、新しい解釈が提起されたり、目から鱗《うろこ》の新説が発表されたりしたときに、まずはその「面白さ」に気づけないようではダメ。それから、あの大学の業績になっちゃうなとか、あいつの方が先に教授になるな、と算盤《そろばん》をはじいているようでもいけません。区々たる利害を超えて、「おお！　これは面白い」とワクワクしないようでは、研究者に向いていないんじゃないでしょうか。負けず嫌いなのは悪いことではないですが。

その意味で、ぼくは職場の同僚（ただし先輩に限る）に、今よく覚えている限りで3度ほどがっかりしています。一つは軽いところで、Aさん。ぼくは大分市で、源頼朝の下文《くだしぶみ》の正文《しょうもん》（写しでなく本物の文書という意味）らしきものを見つけました。下文というのは頼朝の意思を伝える格の高い書式で、頼朝の右筆《ゆうひつ》（文書作成に携わる吏僚《りりょう》）集団の誰かが書き、頼朝が花押《かおう》（サイン）を据えたもの。写真を撮って帰京し、比較検討したところ、紛れもなく頼朝の下文、とされる文書の中に筆跡が同じものがありました。

大分市の下文は、頼朝の右筆の手になるものだ。ぼくは興奮し、たまたま近くにいたAさん（長年ぼくの上司を務めてくださった、現放送大学教授の近藤成一先生ではありません。念のため）に話したところ、筆跡の鑑定は慎重にやらねばならないとか何とか、言い始めた。こんなに明瞭なのに、何で今さら分かりきった原則論なんだ、と落胆しました。

次にBさん。兵庫県に安積《あづみ》文書という魅力的な文書群があります。播磨国の有力武士、安積氏が大切に保存していた文書で、南北朝時代のもの、赤松氏関係のものが含まれる。それをいじっていたときに、あれ？と閃《ひらめ》くことがありました。徳川光圀《みつくに》に仕えて彰考館の総裁になった学者に安積澹泊っていたよな。読みは「あさかたんぱく」とされているけれど、もしかしたら「あづみ」じゃないのかな？　だって彼の通称は覚兵衛で、水戸黄門の「格さんこと、渥美格之進」のモデル。だったら、「あづみたんぱく」の可能性が高いんじゃないかな。

ぼくはそれを、水戸市と縁の深い、しかも近世史専門のBさんに話しました。専門が違うこともあって、ぼくはBさんとはほとんど話したことがなかった。だけど、史料編纂所の当時の上層部から期待の若手、将来のリーダー、と高く評価されていたBさんなら、さぞ面白がってくれるだろう。

ところが予想はみごとに裏切られました。Bさんは全く興味を示さない。いやそれは違うよ。と言うならそれでいいんです。「あさか」と仮名がふってある文書がある、「あさか」と読める当て字があるよ、であれば、ぼくの完敗。そうでなくても、水戸黄門の漫遊記は後世の作り話だから、時間差があるんだよ。安積澹泊は「あさか」で正しくて、後世の作家（いま調べたら明治時代の大阪の講談師、玉田玉知という人）が「あづみ」と誤読し、渥美格之進を誕生させたんじゃないのかな。これも立派な反論ですよね。

でもBさんは意味不明なことをごにょごにょ言うだけ。ああ、この人はすぐれた研究者ではないな、とぼくは思いました。少なくとも、歴史研究者には向いてない。いやあ上層部は人を見る目がない。いやいやそうじゃなくて、これからの歴史研究者は歴史を面白がっていてはダメなのか。もっと他の、たとえばマネジメント能力こそが必要なのか、としばらく悩んだものでした。でもこのあと、Bさんは歴史とは違う分野に行き、さらに年月を重ねるうちに研究者をやめてしまった。ぼくは格さんの一件があったので、全然驚きませんでしたが。

最後がＣさん。鳥取県に赴いた出張で、ぼくは世にも珍しい文書を発見しました。「後醍醐天皇が千種忠顕《ちぐさただあき》になりきって」、巨勢《こせ》宗国という人物に出した直状《じきじょう》です。何のことか分かりませんね。説明しましょう。

「巨勢宗国よ。汝《なんじ》は合戦で（後醍醐天皇に味方して）忠節を尽くしたので、恩賞を与えるであろう」というのが文書の中身。これを書いたのは「左近中将」と記してあります。つまりは後醍醐天皇の側近である千種忠顕。ところが筆跡を鑑定すると、字は間違いなく後醍醐天皇本人が書いているのが明らかなのです。なぜこんなへんてこりんなことになるのか、は次項に詳述しますが、ぼくはとても興奮して、同じような後醍醐天皇の自筆の文書を探していました。するとそこにＣさんが冷や水を浴びせてきた。

「文書はどんな文書でも等しく貴い。史料編纂所員ならば、そう考えるべきである。天皇のものだからといってありがたがるのはおかしい」

ぼくは一気に鼻白《はなじろ》んでしまいました。ああ、歴史の主人公は英雄豪傑ではなく、名もない庶民である、というやつですね。それは確かにそうでしょうが、今ぼくが問題にしているのは、そこじゃない。この人は本当に歴史が好きなのかな、歴史を語ることは目的ではなく、手段にすぎないんじゃないか、と思わざるを得ませんでした。

こう見ると、AさんとCさんの件には、古文書が関係しています。とくに、後醍醐

◆南朝指導者の後裔《こうえい》、北畠政郷

生年不詳〜1508年。後醍醐天皇はやがて吉野に遁《のが》れ、南朝を創始する。天皇が亡くなったあとに南朝の指導者となったのが北畠親房《ちかふさ》であるが、彼の子孫は武士化して、南朝滅亡後も南伊勢を領有した。北畠政郷は伊勢国司北畠家の第5代当主。武芸に優れていたが、北伊勢への進出には失敗し、60歳前後で病没している。禅宗に帰依し、無外逸方と名乗る。この肖像は出家後のもので、立って右上の日輪を見上げるという珍しいポーズで描かれている(北畠政郷像、東京大学史料編纂所所蔵模写)。

天皇うんぬんの話は説明が必要ですね。次に古文書のことを分かりやすく説明してみましょう。

文書の出し方にも身分あり

ぼくは東大史料編纂所に勤務していて、「歴史資料＝史料」の読解を仕事としています。史料にはニセモノもあり、史実と異なる内容をわざと盛り込んだものもある。ですから、ナマの史実を伝えてくれる史料が、歴史学的に価値が高いと評価できます。それが「古記録（古人の日記）」であり、「古文書」なのです。作者の意図が容易に混入する『吾妻鏡』などの歴史書や、文学的な効果を伴う『太平記』などの軍記物語は、歴史学の見地に立つと、確実性の観点から、信頼度が落ちるわけです。といっても、たとえば鎌倉幕府の研究には、『吾妻鏡』は必要不可欠なのですが。

ここからしばらくは、ぼくの本務である古文書の話をしてみようと思います。古文書抜きに日本史は語れないわけで、なるべく分かりやすく、興味をもっていただけるように、叙述していきますね。

そもそも古文書は、誰かが、誰かに、ある内容を伝達しようとするから作成されます。つまり古文書には差出人のA、受取人のBがいるのです。ここがものすごく大事。

さて、ちょっと想像してみてください。あなたがコロナやウクライナについて、岸田文雄首相に意見を述べたいと熱望した、ことにしましょう。それで手紙をしたためました。首相の住所を知りませんので、官邸あてに郵送した。この時、運が良ければ読んでもらえるかもしれませんが、ダメだとしても、まあ仕方ない。それで怒ったら常識を疑われます。

人気抜群のアイドルでも同じことです。ぼくがどんなに応援しているかを熱い文章にまとめて、事務所あてに郵送した。そうしたらなんと、返事が来た！　これは飛び上がるほどうれしい。……でも待てよ。アイドル本人の直筆でもない限り、返事を作成したのは、マネジャーさんか、バイトの人かなあ。冷静になったら、そう考えるでしょう。

何が言いたいのかというと、AとBとが意思の疎通を図るというのは、相当に難しいんだ、ということです。平等な現代でもこんな具合なのですから、明瞭な身分差があって上下の分に厳格だった前近代においては、意思の伝達はたいへんな難事だったのです。

身分としてA＞Bであるとします。まず、下位のBがAに文書を出すことは、通常は不可能です。時代劇には、あまりにひどい農村の困窮を訴えようと、庄屋さんが「畏れながら！」と大名の駕籠《かご》にすがりつくシーンが出てきます。あの行為は、ええい無礼者、と受理されないのが普通。もしも大名が受け取ってくれたとしても、本人はおろか、妻子まで連座して処刑、というような未来が待っている。それくらい、あり得ない行為でした。

では逆に、AがBに文書を与えるケース。さっきの例であれば、総理やアイドルの直筆が届けられる場合ですね。これはできない、わけではありません。Aが慈悲深かったら、原理的には許される。でも、前近代においては、絶対とは言いませんが、限りなく「ない」に近い。身分の概念が壊れてしまうので、上位者はそうした行動を厳に慎むのです。

いや、それじゃあ命令もできないじゃないか。そう思われた方、鋭いです。権力者は下々に命令をする。税を払え、とか、あいつが謀反《むほん》したので討ち取ってこい、とか。上位者AがBに意思を伝えるときはどうするのか。

税を払え、おまえの土地の所有権を保証してやろう、などの公的な内容をもつ場合は、Aは自らが運営する役所に命じて、Bへの指令を作成させます。内容がそこまで公的でない（曖昧な言い方になりますが、これは後に説明します）場合は、Aは役所を通す手間をかけず、家来のCに、Bに命令するように言います。するとCはこのような文言をもつ文書を作成します。「私の主人であるAさまが、これこれこのように仰っている。よく承知するように。『仰せを受けて取り次ぐことは以上の如くである』」。『　』の部分の文言は耳にしたことがあ

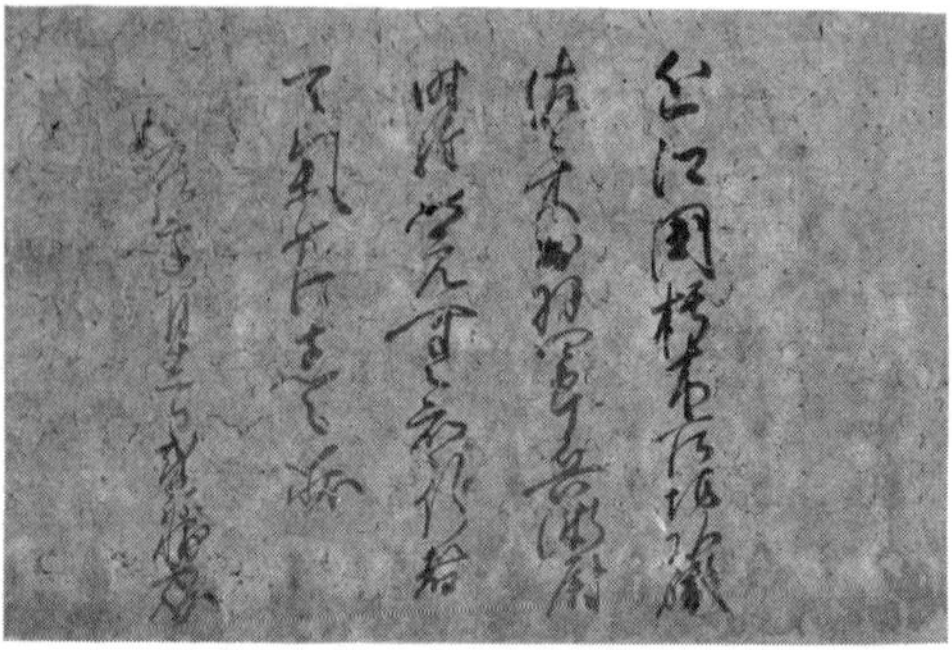

◆綸旨の実例（後醍醐天皇綸旨）

鎌倉幕府が滅亡した後、後醍醐天皇が近江の佐々木（朽《くつ》木《き》）時経に対し、朽木荘の地頭職を元の如くに与える、と伝えている。真の差出人は後醍醐天皇、実際に文書を作成し署判しているのは式部少輔（岡崎範国）。受取人は佐々木時経。文書形式は綸旨。「天気かくの如し、これをつくせ、以《もっ》て状す」というのは、綸旨の末尾の決まり文句。宛先をわざと書かないのは、朽木時経の身分が軽いためで、本文中に入れ込んでいる（国立公文書館所蔵）。

ります。

るかもしれません、「仰せによりて執達《しったつ》くだんの如し」というお定まりの表現になります。

身分がだいたい同じようなAとBであれば、面倒はありません。AがBに手紙を書けばよい。こういうのを、直接に書く文書、ということで「直状」と呼びます。一方でAの身分が上でBが下、そのためにCがAの意を受けてBに文書を出す。このときの文書を、CがAの意をうけたまわっている、という意味で「奉書《ほうしょ》」といいます。言葉を換えると、差出人が1人のシンプルなものが「直状」、差出人がAとC、複数いるものが「奉書」です。Cは形の上での差出人。Aは真の意味での差出人、と言うこともできます。この時、Aが天皇である場合、文書を「綸旨《りんじ》」と呼ぶのです。

中世文書は「形式」が重要

古文書は中世史料の中でももっとも価値の高いものです。もちろん、価値といっても売買する際の市場価値ではありません。研究において信頼度が高い、ということです。

たとえば『吾妻鏡』や『平家物語』だと、編纂者や物語作者の解釈や作成意図が文中に含み込まれ、客観性に欠ける箇所がしばしば見て取れます。これに対し、古文書は基本的にはそれがない。

もちろん、例外はあります。たとえば明智光秀は本能寺の変の後、雑賀衆《さいか》にあてて「足利義昭さまが京都に帰ってくるから、忠節を尽くすように。そのためには、あなた方は私のもとに直ちにはせ参じて、ともに活動すべきだ」と言ってます。でも、本当に光秀は、義昭と連繫していたのでしょうか。この時の光秀は一人でも味方が欲しかった状況にありますので、うそだってつくでしょう。となると、文書の中身をすぐさま信じることはできないのです。

『吾妻鏡』や『平家物語』は、広く人々に読まれることを念頭に、まとめられている。受け取り手は不特定多数です。だからそこに書き手の思想・信条や主張が混入する可能性が出てくる。その点で古文書は、特定の差出人と特定の受け取り手が、閉ざされた空間で意思のやりとりをしている。となると、先のように特別な文書は存在しますが、まあ、おおよそにおいては、文書の内容は信用できる。それで史料的価値が高いのですね。

こうした文書のありようを整理し、文書の読みがより深くなることを目的とした学問が「古文書学」です。ここで気をつけるべきは、崩し字の読みを学ぶだけでは、古文書「学」にはなり得ない、ということです。古文書の形式を知り、それぞれのタイプの特徴をつかみ、分類を試みる。そうした分類を通じて、歴史学の深化に資する。それがあって初めて、古文書「学」が名乗れる。

古文書と並んで史料的価値が高いのは、古い日記、古記録ですね。記主《きしゅ》は貴族、僧侶、神官などの知的エリート。こちらは要するに日記であり、ともかく読み込むことが第一です。別にAタイプ、Bタイプなどの分類は不必要です。ともかく読む。ですから、古記録を読みこなすのは難しい作業ですが、「古記録学」（そうした学問ジャンルの作成を提唱している方はいらっしゃるのですが）というものはあまり意味がないかな、とぼくは思っています。

では、能書きはそれくらいにして、古文書の分類はどうあるべきか。実はこの根本的なところから、研究者の意見の相違が存在するのです。ぼくならば、古文書の集合を大きく2つに分けます。一つはA直状。もう一つがB奉書。直状と奉書で2分割します。

Aは差出人が直接、受け取り手に文書を書いて渡す。直接なので、直状といいます。

差出人は1人。受取人も1人。2人の間のやりとり、ですからAの大半は、書状、すなわち手紙ということになります。

さて、中世ですと、意思の伝達にも、「身分」が関わってきます。原則としては、「文書は同じくらいの身分の間でやりとりがなされる」となります。とすると、差出人と受け取り手がだいたい同じくらいの階層にいれば、直状で済みますね。日本は階層がさほど細かく規定されてはいませんので、現在まで残っている文書の多くは、直状で、書状になります。

ところが差出人①と、受取人②の間に著しい身分差がある場合。このとき、①は直接には②に文書を遣わしません。自分の家来の③を使います。③をして、「私の主人の①さまが、あなたにこう仰せです。仰せを取り次ぐことは以上です（仰せに依《よ》りて、執達くだんの如し）」という文書を作らせ、②に送ります。つまり、この形式だと、受取人は②で変わらないわけですが、差出人については、文書の形式的な差出人③と、本当の差出人①がいることになる。3人が文書に関わっている。この形式の文書を、③が①の意思を奉じているので、奉書といいます。

先にご紹介した、後醍醐天皇の巨勢宗国あての文書、これについてネットを見ていたら、鳥取県の文化財課のウェブサイトが「天皇の意思を侍臣が代わって伝える書状を『綸旨』と言いますが」と説明していました。これはぼくの説明とは異なります。

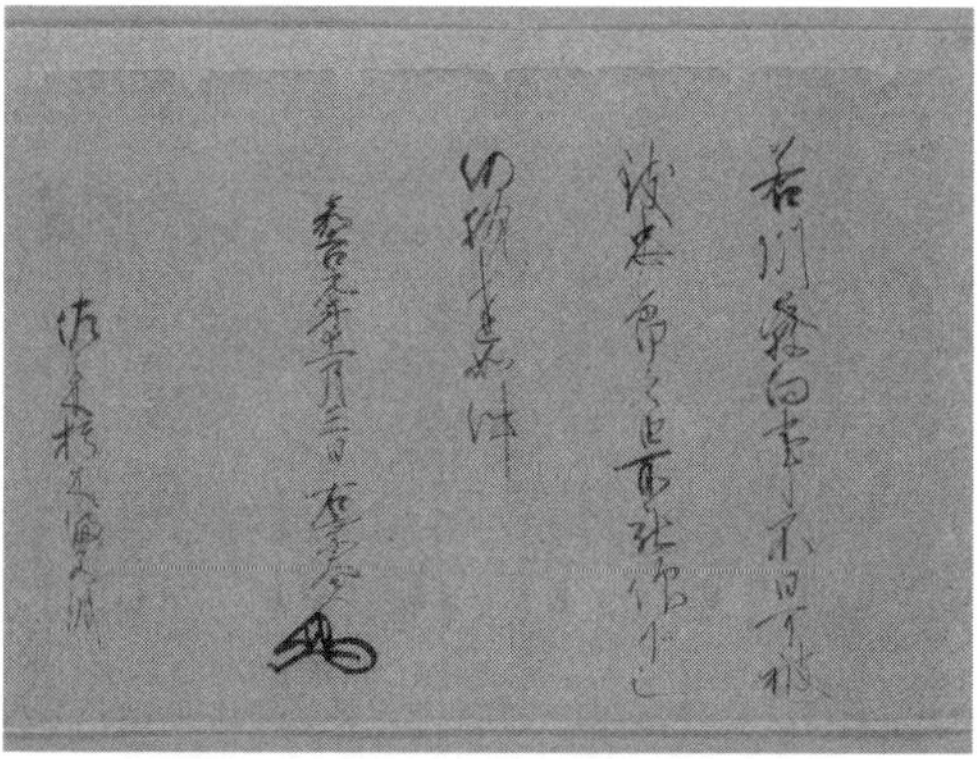

◆室町将軍（足利義勝）家御教書《みぎようしよ》

若州（若狭国）発向（出陣）のこと、不日（すぐに）忠節をいたさるべきの由、仰せ下さるるところ也、よって執達くだんの如し、

嘉吉元年十一月三日　右京大夫（花押）

佐々木朽木満若殿

真の差出人は「仰せ」ている人で、7代将軍足利義勝。形式的な差出人は右京大夫で、幕府管領の細川持之。受取人は近江の有力武士、朽木満若丸（貞高）。武家社会でも、身分の上下は厳しく認識されていた。将軍が朽木氏に命令を出すときはこのように奉書を用いた（国立公文書館所蔵）。

どこが違うかお分かりになりますか？

ぼくの説明であれば、天皇の意思を侍臣が代わって伝えるのは、奉書であって、書状ではないのです。実はこうした説明、つまり①の身分が高いので③が設定されるけれども、内容としては、①が②に伝えていることに変わりはないので、これは書状と同じだ、というものが世の中ではしばしば見られるのです。ですが、古文書学は古文書を分類することを第一義とする学問です。書状、すなわち直状と奉書の形式の差異に目をつぶってしまい、それを同じもの、としたのでは、分類は成り立ちません。だから、「古文書学」は役に立つ、と強調しているぼくは、この考えには賛同できないのです。

古文書は応用がきく

当所未作の所々の功程の事、綸旨かくの如し、いそぎ注進せしめ給うべきの由《よし》、別当弁殿御奉行《ごぶぎょう》候《そうろう》ところ也《なり》、よって執達くだんの如し

七月二十八日

前《さきの》山城守国清　奉

謹上　春日神主殿

これは春日神社の神官であった中臣祐賢《すけかた》という人の日記の中に記載された文書です。

中身はここでは問題にしませんので、ごく簡単に。春日神社の建物はしっかり完成させよとの天皇のご命令であります。まだできていない箇所は早々に言上《ごんじよう》しなさいと、南曹弁《なんそうのべん》どのが指示しておられます。取り次ぐことは以上の如くです。だいたい、そんな意味です。

奈良の春日神社、それに興福寺は、藤原氏の神社であり寺院です。ですから当然、第一の庇護者というかスポンサーは藤原氏で、藤原氏のトップである藤原氏長者《うじのちようじや》が何ごとにつけ指令を発していました。藤原氏長者は中世では、関白か摂政に任じた人が務めていて、えらいので実務には携わりません。氏長者の意を受けて実際に仕事をするのが南曹弁。この役職にはちょっと説明が必要でしょう。

門前の小僧、習わぬ経を読む、と言います。同じような内容をもつ成句があります。そう、「勧学院の雀《すずめ》は蒙求《もうぎゆう》をさえずる」。平安時代前期、貴族は子弟の教育をするために、氏（藤原氏とか大伴氏とか菅原氏など）ごとに「大学別曹」という学校をもっていました。その中で最大のものが藤原氏の勧学院でした。勧学院では新人向けに中国の『蒙求』を講義していたので、勧学院の建物にとまっている雀はマネして『蒙求』をさえずるのだ、というわけです。転じて、学問をするときに、環境がいかに大事か、という意味でも使われます。

さて、この勧学院＝大学南曹のことを取り仕切るのは、弁官の一人、であることが通例でした。弁官は左大弁《さだいべん》から右少弁《うしょうべん》まで、権官《ごんかん》1人を加えて7人。このうち一人（中弁もしくは大弁）が大学南曹の担当となり、南曹弁と呼ばれました。平安時代も後期になると、勧学院は有名無実になりますが、南曹弁は置かれ続け、藤原氏の長者のもとで、文書の発給を行ったのです。

あれ、おかしいぞ。本郷さん、今あなたが問題にしている短い文書、綸旨かくの如し、って言ってるんだから天皇のものだよね。それなのに、あなたは春日社には藤原氏が、と述べている。矛盾じゃないの？　そう、そこです！　本来、藤原氏の神社である春日神社に指示を出すときは、「藤原氏長者―南曹弁」のルートで出ていました。ところが、承久の乱の後の皇室の努力で、天皇・上皇の権力がぐぐっと増大した。それで、藤原氏のテリトリーだった春日神社に関しても、「天皇（もしくは上皇）―南曹弁」ルートで指示が出るようになったのです。ああ、言い忘れました。文書中で別当弁というのは、南曹弁のことです。

ちなみに、この文書が記された箇所は、『中臣祐賢記』の文永9（1272）年のところ。ですから、この綸旨は文永９年７月28日に作成されたことが確実です。それで、この日時にはどういう意味があるかというと、長く院政を敷いていた後嵯峨上皇が亡くなったのが、文永９年２月17日。あとを受けた亀山天皇は文永11年正月、皇位を皇子である後宇多天皇に譲り、院政を開始します。ですから、この文書が作成されたのは、わずか２年の天皇の親政の時期である。だから、主体が上皇の院宣《いんぜん》ではなくて、綸旨なのですね。

さあ、ここまでで、必要な解説は全部しました。以上を用いて、この文書を解説してみてください。これ、中臣祐賢の字で文書を記して（つまり活字ではないということ）、それから今まで記してきた説明を一切付けないで出題するならば、東大史料編纂所の入所試験としても通用すると思います。

思いだしてください。えらい人①が②に文書を出すときは、②に相応する身分の③を形式上の差出人として立てる。①は家来である③を通じて、「私の主人の①さまが、このように仰っています」と②に伝えるのです。

では春日神社や興福寺にあてるときはどうか。①は天皇です。すると、③は南曹弁になるはずです。この時の南曹弁は左中弁の藤原親朝という人。親朝が作成する奉書

が②、春日神主とか興福寺のお坊さんにあてて出されるはず。たしかに、興福寺には
そういうかたちで出ます。ところが春日神社にあてるときには問題が生じる。という
のは、中世においては、神主さんはお坊さんほど、位階が高くないのです。ですから、

◆南北朝の端緒となった亀山天皇

1249〜1305年。第90代天皇。後嵯峨天皇と正室大宮院（西園寺氏）の第2子として誕生。第1子は89代の後深草天皇。父と母は体が弱かった兄より弟を愛していたといい、兄の譲りを受けて11歳で即位した。とはいえ実権は依然として父の後嵯峨上皇が掌握していた。父の上皇が亡くなると、あとを受けて親政を開始。2年後に皇子（後宇多天皇）に皇位を譲り、引き続き院政を行った。兄の後深草上皇は幕府に働きかけ皇子を皇太子に立てることに成功し、その皇子が伏見天皇として即位すると、2つの皇統が現出することになった（亀山天皇像、東京大学史料編纂所所蔵模写）。

②が春日神主だと、左中弁と「相応する身分」にならない。
ではどうするか。もうお分かりですね。③の家来の④が出てくる。「天皇の意思を奉じた私の主人である南曹弁、藤原親朝がこのように申しておりますので、お伝えいたします」と④が言っている。④が前山城守国清ですね。
古文書は難しいのですが、基本を押さえておくと、応用がきく、という実例です。

受取人のヒントは二重敬語にあり

中世の文書様式、応用編その2といきましょう。

東寺寄検非違使俸禄事、厳伊僧都申状、奏聞候之処、寺用闕怠之条、処申非無謂、
早可被停止之由、被仰下候也、以此旨可令申入給候、仍執達如件、
（文保二）四月五日　　　　　　　宣房
　謹上　大教院法印御房

東寺寄《よせ》検非違使俸禄の事、厳伊僧都《そうず》の申し状、奏聞《そうもん》し候の処、寺用闕怠《けったい》の条、申す処、謂われ無きしもあらず、早く停止せらるべきの由、仰せ下され候也、この旨を以て、申し入らしめ給うべく候、よって執達くだんの如し、

鎌倉時代後期になると、有力な寺社には担当の検非違使がつきました。検非違使は平安時代からの朝廷の役職で、有名ですね。高級警察官僚に相当します。彼らは自分が担当する寺社についてさまざまなサービスをしていたのですが、その分の俸禄、すなわちサラリーは、朝廷ではなくサービスを享受する担当寺社が負担する習わしでした。この文書では、東寺が給するサラリーが問題になっています。奏聞は天皇や上皇にお伺いを立てること。この文書が発給された年次は文保2（1318）年ですので、政治を行っていたのは後宇多上皇、となります。寺用はお寺の歳入。ということを踏まえて、意味は以下の通り。

東寺担当の寄せ検非違使のサラリーのことでありますが、厳伊僧都の申し状を上皇に奏聞したところ、「寺の歳入が欠けてしまうというのでは厳伊の申す処はもっとも

である（直訳すると、【正当性がないわけではない】。漢文を読み下すときによくある言い回し）。早く寄せ検非違使のサラリーを停止するように」と上皇は仰せになりました。この旨をどうぞお申し入れくださいますように。取り次ぐことは以上の如くであります。

東寺からのサラリーを失うことになる検非違使についての処遇は、ここでは書かれていませんね。おそらくは東寺に代わって朝廷が何らかの手当をすることになるのでしょう。ここまでは、宜《よろ》しいですね。中味は至極シンプルです。ただし、基本的なところ、この文書を誰が、誰に出したか、これがなかなか難しい。吟味していきましょう。

まず形式的な差出人②は明らかです。宣房。家名は万里小路《までのこうじ》で、時に前参議。つまり参議という職は引退しているのですが、かわらず、後宇多上皇の側近を務めています。このあたりは皇位を退いても政務の実権を手放さない上皇のありようと似ていますね。宣房について詳細に解説していくと終わりませんので、今回はあくまでこの文書に関することに限定しましょう。

形式的な差出人がいるということは、これまで解説してきたように、真の差出人①

がいる。それは、「仰せ」を出した後宇多上皇その人。つまりこの文書は、上皇の仰せを伝える奉書であり、主体が上皇の場合は、くり返しになりますが「院宣」と呼ばれます。ですから、文保2年4月5日、後宇多上皇院宣、が本文書の正しい文書名になります。

差出人の次は受取人です。「謹上　大教院法印御房」とあるから、大教院法印さん③でしょう？　はい、そのとおりなのですが、院宣の語句をよく見てください。「このことを申し入らしめ給え」とあります。「せしめ給う」。出ました、二重敬語。大教院さんは後宇多上皇の判断を、だれか④に上申する役割を担っています。しかもその人は、二重敬語を用いられるほど、高貴な方である。

この文書は東寺の文書です。また、問題になっているのは、東寺の寄せ検非違使のこと。ですから、一番ありそうなのは、④が東寺のトップである東寺一長者であり、③はその秘書官長、という可能性です。ところが、このときの秘書官長（凡僧別当といいます）は、大教院という人ではないのです。となると、他の可能性を考慮する必要がある。

ヒントは二重敬語にあります。二重敬語を用いるべき高貴な人で、僧籍にある人。

これは皇族で出家している「法親王」じゃないか。それから、この時期に皇族が入室するお寺というと、天台宗か真言宗に限りますが、東寺のことが問題になっているので、真言宗だろう。しかも、法親王となると……。まあ、すぐに思いつくのは、歴代のトップが皇室から入る御室《おむろ》仁《にん》和《な》寺《じ》ですね。そこで、『仁和寺諸院家記』という史料に当たってみる。この史料には仁和寺内の有力な院家（これも詳しく説明するとたいへんなので、大寺院の中の小寺院、と理解しておいてください）がまとめられていて、歴代の院主が記されています。これを調べ

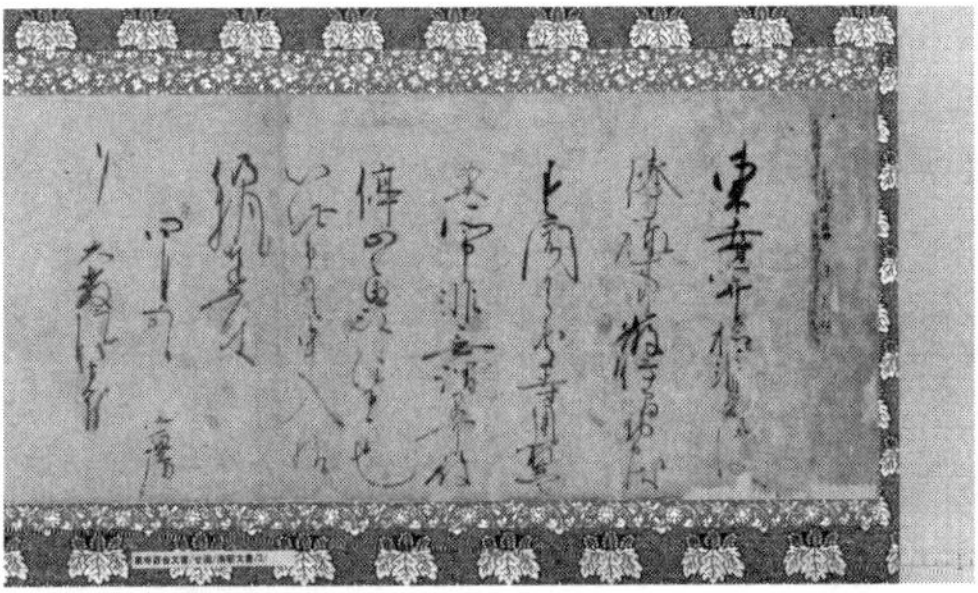

◆後宇多上皇院宣

こうした院宣なり綸旨なりは、形式的な差出人が自分で文書を書く。ということは、この写真の文字は、万里小路宣房の手になるものと考えられる。宣房は大覚寺統に仕えた貴族で、戦前は吉田定房、北畠親房とともに、後醍醐天皇の「三房」ともてはやされた。だが、実のところ、彼は後醍醐天皇というよりは、その父である後宇多上皇のブレーンであった。後に後醍醐天皇が吉野に出奔したときに、万里小路家は京にとどまり、北朝のもとで繁栄している（京都府立京都学・歴彩館東寺百合文書WEBから）。

ると……、おお。大教院がある！　この時の院主は禅隆という人物。また、彼が仕えていた仁和寺のトップは、寛性《かんしょう》法親王という方。これで、③と④が判明しました。

後宇多上皇①の判断を受け取った万里小路宣房②は、「同じレベルで意思の疎通を図る」という文書のやりとりの大原則に基づいて、形式的な受取人、大教院禅隆③に上皇の判断を伝える。そして、これを、真の受取人であるところの仁和寺寛性法親王④にお伝えくださいと頼むのです。この文書の内容は、後宇多上皇が寛性法親王に「私はこう決めたよ」と直接伝えれば済む話です。ですが、当時の形式に則《のっと》って、真の差出人→形式的な差出人→形式的な受取人→真の受取人、という順を踏む。こうして朝廷の判断が伝達されるのですね。

貴族がキレる「超越《ちょうおつ》」

文書のやりとりは、だいたい同レベルの階層の人間同士で行う、と書きました。だから、奉書が生まれるのだ、と。中世社会は身分の上下にセンシティブでしたから、それが文書の様式にも反映されたのです。

身分が下の人が上の人にじかに文書を書く。これは失礼なので、基本、ないわけです（どうしても聞いてほしいことがあるときは、「解《げ》」という形式で上申文書を作成します）。では、上の人が下の人にじかに文書を出す。これは別に非礼ではありません。でも普通はやりませんね。上の人の権威が損なわれるから、と考えられます。ですから、上の人は、意を伝えたい下の人と同レベルの部下に命じて、奉書を作成させるのです。

この関係を踏まえて、次の書状を見てください。

年首吉慶等、幸甚々々、抑身進退事、旧年公氏候て申了、而其後又左府一位に叙せられぬ、摂関のならひ先例位次によらずといへども、沙汰次第、頗仰天、関東御芳言をたのみて朝恩を期するところに剰今超越におよぶ、是非に迷者歟《か》、生涯安否御計之外、弥勿論、委細難尽紙上歟、為之如何、可有賢察之状、如件、

正月十一日　（花押）

相模守殿

文書の大意は以下のごとくになります。

私の昇進について昨年申し上げましたが、先頃、左大臣の位階が従《じゅ》一位に上昇しました。摂政・関白への任官は位階の高下の順ではないとはいえ、仰天いたしました。昇進のことについて鎌倉幕府の推薦を頼みにしておりましたのに、ただいま超越されてしまってすっかり困惑しております。摂政・関白への就任の件、なにとぞよしなにお取りはからいくださいますように。

文書を書いた人をAさんとしましょう。Aさんは花押を書いた人で、この人と左大臣とは、摂政・関白の座を争うライバルのようです。それで、左大臣が先日、Aさんを超えて、従一位に叙せられた、というわけですね。

詳しい検証は省きますが、この状況にもっとも良く適合する事例は次の組み合わせだと考えられます。

A→正二位、前右大臣　九条忠家

左大臣→一条家経

年次→文永7（1270）年

『公卿補任《くぎょうぶにん》』で確認すると、この年の正月5日に、左大臣の家経は正《しょう》二位から従一位に昇叙されています。忠家にしてみると、先を越されたわけで、こうした状態を貴族は「超越」（読みは、ちょうおつ、のようです）と呼び、何よりの恥と感じていました。

この文書から、超越の細かな中身が分かります。現代で超越というと、下の立場の人間が一足飛びに自分を越えていったとき（たとえば役職のない若手が、係長の自分を差し置いて、一気に課長になったなど）にこの語を使いそうですが、それだけではない。二人が同格だった。その一人が先に昇進した。こういう場合でも、置いていかれた側は「超越された」と言うのですね。

もう一つ、大事な点があります。それは家の格です。世襲が大原則の貴族社会は、鎌倉時代であると、ほぼ父祖と同様の昇進コースをたどることになります。それがくり返されると、家格も定まってきます。この家は摂政や関白にまで就任できるエリート。この家は大臣になれる。この家は大納言止まりで大臣はムリ。この家はその人の才覚によって中納言まで昇進が可能だが、そこで肩たたき。こんな感じです。

このとき、自分よりも家格の高い人に位階・官職を追い抜かれても、それは別に超越とはいわない。あの方はもっと偉くなる方だから、当然のことで恥辱ではない、となります。摩擦が生じるのは、同格の家での話。あいつと私は同格なのに、あいつが先に出世した。これでは私が無能のようではないか。そこで超越の語が用いられ、貴族は憤慨する。ヘタをすると彼は、宮仕えをやめて、出家してしまいます。

九条忠家にとって、一条家経との出世競争は「負けられない戦い」。ところが位階の点では家経が一歩リードした。それで忠家は周章狼狽《ろうばい》しているのですね。

◆九条家の祖、九条兼実

藤原氏の中で北家《ほっけ》が栄えたことはよく知られているが、道長を出した本家の流れは鎌倉時代初めに3つに分かれた。嫡流の近衛家、松殿家、九条家である。このうち松殿家は木曽義仲と協調したために次第に没落した。九条家は源頼朝と連携して、近衛家に対抗した。承久の乱の後、九条家は4代頼経・5代頼嗣《よりつぐ》と2人の幕府将軍を出し、朝廷内で大きな発言力を得た。また、九条家からは分家として二条家と一条家が派生している（九条兼実画像［法体］、東京大学史料編纂所所蔵模写）。

さて、そこで考えるべきは、この文書の宛先です。相模守、とありますが、これはいったい誰なのか。そこにどんな問題点があるのか。次項で、もう一度説明いたしましょう。

異例の手紙が示す朝幕関係

前項では「前右大臣」である九条忠家から、「相模守」への書状、つまりは手紙をご紹介いたしました。そのうえで、相模守とは誰なのか。この書状にはどんな問題があるのか、ということを質問しておきました。本項はその答え合わせと説明です。

まず相模守ですが、これは鎌倉にいる北条時宗になります。時宗は日本が２度の元寇にさらされたときの執権で大河ドラマの主人公にもなった人物ですので、多くの方が名前を聞いたことがあるかと思います。

九条忠家は、「私は摂政・関白の地位に就くのを支援してほしいと、あなたにお願いしている。ところが願いが成就する前に、ライバルの一条家経が私を越えて、一位に昇ってしまったのでたいへんに驚いている。どうか、摂関への就任を、しっかりと援助してほしい」と時宗に懇願しているのですね。

当たり前ですが、時宗に頼むということは、鎌倉幕府に頼むことです。忠家は幕府を挙げての助力を当てにしているのであって、時宗個人ではありません。前にもふれましたが、最近、承久の乱において後鳥羽上皇が「北条義時を討て」と命じていることは個人としての義時の首を差し出せということで、幕府の否定を意味しない、との珍妙な解釈が横行しています。でもそうした読みは浅はかです。この文書などを参考にすれば分かりそうなものだけれど、まあその話は置いておきましょう。

では、この文書のどこに問題があるのか。どこが変わっているのか。それは、偉い人は身分の低い人に直に文書を出すことを普通はしないのに、ここではその文書上の常識が当てはまらない、ということです。

これまでも説明したように、身分の低い人が偉い人に手紙を書くのは、身分の上下に厳しい中世では不敬の極みであって、あり得ません。逆に偉い人が身分の低い人に手紙を書くのは、別に構わない。けれども、普通偉い人は自らの権威を大切にするので、そうしたことはしない。家来を通じて、意思を伝達するのです。

以前に説明した奈良への文書を参考にすると、摂関クラスの意思は、弁官クラスの人が奉って、文書を作成する。受取人が興福寺の上級僧侶であれば、このかたち。相手が春日社の神官だと、レベルがもう1段下になります。そうすると、弁官の家臣（家司、と呼ばれます）が文書を作成する。この弁官の部下は、山城守とか、大和守とか、各国の国司の官職を帯びている。ということは、相模守である北条時宗は、朝廷の官職の体系からすると、九条忠家の2段階下の身分になる。それなのに、忠家はたかが相模守にすぎない時宗に、直に手紙を書いている。超越されたら怒って辞官する人もいるくらい上下にうるさいのが貴族ですから、これは朝廷内では絶対にあり得ないくらい、異例なことなのです。

鎌倉の源氏将軍家は3代で滅びた。これは誰でも知っています。でも、そのあとどうしたか。これは案外知られていない。源実朝が暗殺されるより前、北条氏は実朝の後継者としてとにかく偉い人を将軍に迎えるつもりでした。当時で偉い人というと、何といっても皇室関係者。具体的には後鳥羽上皇の皇子。北条政子は上洛して、その話をまとめてきたのです。

でも実朝が暗殺されると、上皇は、そんな物騒なところに私の息子を下向させられるか、と親王擁立の話はなかったことに。そこで幕府は、その次の偉い人を将軍に迎えることにした。それが九条道家の子息の三寅《みとら》くんで、彼は成長して藤原頼経となり、4代将軍を務めます。次の5代将軍は頼経の子息の頼嗣。このとき朝廷では、九条道家が、幕府の将軍として血縁者を送り込んでいることを最大限に利用し、大きな権力をもちました。

◆江戸前期の九条家当主

九条道房（1609〜47年）。九条家の人の肖像画模写は、史料編纂所には3点しかないので、忠家の子孫のこの人を紹介。面白いのは、彼には武家の血が入っていること。豊臣秀吉の姉の子、羽柴秀勝は、後に徳川秀忠夫人となるお江《ごう》の方を妻とし、1女をもうけた。彼女が淀殿の養女となった豊臣完子《さだこ》で、彼女は関白・九条幸家に嫁いで道房を産んだ。道房も摂政を務めている。こうした人の血縁者を見ていくと、江戸時代のセレブ界の様子がうかがえて興味深い（九条道房像、東京大学史料編纂所所蔵模写）。

ところがやがて、道家の強権は幕府の警戒するところに。幕府は九条系の４代・５代将軍を京都に追い返すとともに、道家を失脚させ後嵯峨上皇に朝廷の実権を委ねました。６代将軍には後嵯峨上皇の皇子、宗尊《むねたか》親王が京都から下向して就任し、九条家は逼塞《ひっそく》を余儀なくされたのです。

九条忠家は道家の嫡孫。父の教実《のりざね》は道家の失脚前に亡くなっていたため、九条家の復権の重責は忠家に託されたのです。忠家は必死だったのでしょう。北条時宗へのなりふり構わぬ嘆願は、こうした状況においてなされました。そして忠家の願いは幕府を動かし、朝廷に通じ、文永10（１２７３）年５月、忠家は念願の関白の地位を手に入れることができたのです。

第5章　「実証」と「推測」

書き間違えこそ本物の証？

源頼朝のすごい点は、敵との戦いが本質である軍事政権であっても、それを維持するためには文官が必要だということをちゃんと弁《わきま》えていたところだと思うのです。治承4（1180）年8月の伊豆における旗揚げの直前に、彼は藤原邦通《くにみち》という人を雇用している。邦通は京を離れて「遊歴」していたが、安達盛長の推挙で頼朝に仕えた、と『吾妻鏡』にはあります。

戦後占領下の日本では、ハクを付けるためにアメリカに渡った人がいました。こうした人たちは現地でしっかりとビジネスや研究をするために生活基盤を築くことはなく、短期間で日本に帰ってきた。それで、「アメリカにしょんべんをしに行っただけ」というので、「アメしょん」と呼ばれたそうです。もはや死語ですが。

それで、右の邦通という人物ですが、生没年も系譜も全く不明です。どこの馬の骨か分かりません。これといった子孫も残していない。とすると案外、「オレは京都で暮らしてたんだぞ」というのが売りの、「京しょん」だった可能性もある。それでも字が読めない・書けないの関東武士よりマシだ、ということで頼朝は雇い入れたのではないでしょうか。

8月17日、伊豆を実質的に支配していた山木兼隆（平家一門）を討ち取って、頼朝の旗揚げは一応成功します。するとわずか2日後の19日、頼朝は早くも文書行政を始めました。兼隆の与党で、伊豆国蒲屋御厨《かばやのみくりや》を領有していた中原知親という人物の権限を、文書をもって剝奪したのです。「藤原邦通が奉行した。これが関東における施政の始めである。その文書は次の通り」として、『吾妻鏡』は一通の文書を掲げます。なお、ここの「奉行」とは、藤原邦通が文書を作成したことを意味しています。

下す　蒲屋の御厨の住民たちのところ
　早く停止《ちょうじ》すべき、史大夫《しのたいふ》知親の奉行のこと
右、東国にいたりては、諸国一同荘（荘園）公（公領）みな、（頼朝の）お沙汰たるべきの旨、親王の宣旨の状、明確なり。住民らその旨を存じ、安堵《あんど》すべきものなり。
よって仰すところ、ことさらにもって下す。

治承四年八月十九日

頼朝は挙兵当時、「関東を支配して平家を討つように」、との以仁王の命令書を賜《たまわ》っている、ということをもって、自身の正統性を主張していました。文中の「親王」とは以仁王のことで、以仁王から権限を付与された存在として、中原知親の権益を剝奪する、と住民たちに伝達しているのです。

ただまあ、この文書にはいろいろと問題点があります。まず以仁王は「王」であって、1つ格上の「親王」ではない。この点は以仁王が最勝親王と自称しているのでよいとしても、親王の文書は「令旨」であって、「宣旨」とあるのはおかしい。それから一番へんてこりんなのは書き止め文言であり、「故に下す」（ことさらに下す、と読む）もしくは「以て下す」という文書はありますが、これを一緒くたにした「ことさらにもって下す」などというのはありません。謹言、謹白はあるけれど、謹言白なんてのはない、というのと同じです。まあ、文書様式から、問題が多いということですね。

ところで、三嶋大社には、次のような文書が残っています。文書の（花押）は頼朝のサインです。

（花押）

下す 留守所・在庁などのところ

補任す 三薗川原谷《かわはらがや》郷沙汰職のこと 宮盛方

右、かの郷は三多大明神に寄進しおわんぬ、てえれば郷民らよろしく承知し、違失するなかれ、ことさらに下す。

治承四年八月十九日

この文書は後の頼朝が発給した文書と比べると、様式が劣っています。文体もこなれていない。「三嶋」とあるべきところを「三多」と書き間違えている。それで、偽文書ではないか、と指摘されることが多いのです。

でも、それは違う、とぼくは思う。『吾妻鏡』に収録された文書と、現物のある三嶋大社の文書。日付が一致しています。つまり、『吾妻鏡』は1通しか収めていないけれど、この日に頼朝は複数の文書を作成している。その中の1通が、三嶋大社に残存している。これを書いたのは、「京しょん」邦通。彼はれっきとした朝廷の役人ではなかった。だから、こうしたときにどんな様式で文書を作成すればよいのかも、おぼろげには了解しているけれど、確実なところは知らない。それで、こんな文書ができてしまった。三嶋大社の文書は、様式的には未熟である。だからこそ、本物だ。ぼ

◆源頼朝

1147～99年。頼朝の経歴は今さら説明する必要はないだろう。ぼくが今考えているのは、梶原景時が頼朝の没後、すぐに失脚している史実である。豊臣秀吉における石田三成と同様に、もっとも頼朝に忠実だった景時が有力御家人みなから糾弾されている。これは頼朝の晩年の何らかの施政が御家人の不満を生み出していた、とするのが妥当だろう。そしてそれは、対朝廷政策に他なるまい。頼朝は平家同様、朝廷と関わりすぎている、と関東武士に認識されたのではないか（由比ケ浜で放生会《ほうじょうえ》を行う源頼朝を描いた月岡芳年の浮世絵「大日本名将鑑右大将源頼朝」、静岡県立中央図書館所蔵）。

くはそう考えています。

鎌倉幕府の草創担った文官

源頼朝は旗揚げに先んじて、たまたま近くに居住していた文官、藤原邦通を部下に加えた、という話をしました。『吾妻鏡』は彼の属性を「洛陽放遊の客」と表現していますが、その実態はどういうものだったのでしょうか。

先にもふれましたが、彼と同じく源頼朝に仕えた文官で、中原親能《ちかよし》という人がいます。彼は下級官人の中原広季《ひろすえ》の子、あるいは後白河上皇の近臣を務めた参議・藤原光能《みつよし》の庶子で、中原広季の養子といわれています。

当時の朝廷は完全な世襲社会で、親が大臣なら子も大臣、親が中納言なら子も中納言。ただし、親と同等の官職に就けるのは、跡取り息子に限ります。身分の高い母が産んだ子なら、跡取りに何かあった（若くして病死する人が少なくない）ときのスペアとしてそれなりに大切にされますが、身分の低い母から生まれて、どう転んでも跡取りになれそうにない子であれば、自分で食い扶持《ぶち》を探さなければならない。親能もそうした一人であったと思われます。

親能は京都に見切りをつけ、関東に下ります。そしてなんらかの縁があったのか、飛び込み営業をしたのかは不明ですが、西相模を基盤とする有力武士、波多野氏の庇護を受けることになります。農村経営へのアドバイスを求められたか、親能が京都で培った人脈はわが家に有益だ、と考えられたのでしょう。

波多野氏は源氏と縁の深い武家です。波多野経範という人物は、八幡太郎義家の父・頼義に仕えました。前九年の役に出陣し、頼義の危急を救って討ち死にしています。経範の嫡孫の義通は、源義朝に仕えて信任を受けます。保元の乱の後、義朝の父である為義を処刑する大役を任されました。義通の弟が、波多野荘の近くにある大友荘を本拠とする大友経家ですが、親能は大友経家の娘を妻とし、相模国で生活していたものと考えられます。旗揚げに成功した頼朝は、専門的な知識を有していた親能を招き、親能はこれに応えた。また、親能が仲立ちとなって、文官の代表となる中原（大江）広元が鎌倉にやってきたのでしょう。広元は中原広季の養子です。

親能の妻の姉妹は源義朝とのあいだに朝長（頼朝のすぐ上の兄）をもうけています。また、義朝の没後だと思われますが、中原某と結ばれ、久経という男子を産みました。

この久経も頼朝に仕える文官となり、京都の治安維持の大役を担っています。また親能は妻の姉妹の子（つまり甥）である大友能直を養子としていて、親能が頼朝から得た所領は、みな能直が受け継いでいます。もちろん、能直は豊後・大友氏の初代で、養父から文人の素養を受け継いでいたのでしょう、頼朝からたいそうかわいがられています。能直の嫡子が親秀（親能の一字をもらったのでしょうか）、親秀の娘の１人は何と朝廷の奥向きに仕えて、後嵯峨天皇との間に内親王をもうけました。これも、大友氏が根っからの武家であったらあり得ない事態かもしれません。

なお、おまけその１ですが、大友家の血を引いた内親王のお名前は愷子《がいし》内親王。伊勢の斎宮を務めています。斎宮が伊勢に赴くときには、伝統的な行列を組んで雅びに下向します。これを群行といいますが、武家が実権を握るにつれて行われなくなります。最後に群行を行ったのが、愷子内親王でした。また、内親王は美貌の方で、京都に帰ってから兄の後深草上皇と結ばれた、というロマンスが伝わっています。

おまけその２。『吾妻鏡』、頼朝の時期に、美作蔵人朝親という人物が出てきます。なかなかの発言力をもっているらしいのですが、調べてもどういう人かよく分からない。前にもふれましたが、承元３（１２０９）年には朝親の妻が出奔し、小鹿島公業の家に駆け込んだ。妻を返せ、返さぬの争いは大きな騒動になり、朝親の側には甲斐源氏の一党が、公業の家には三浦の面々が駆けつけ、あわや合戦の一歩手前まで行きました。この時は将軍が仲裁に入って事なきを得ましたが、これを見ても朝親はかなりの重要人物だったろうに、出自が分からない。

　それで、このことをあるときに、系図研究のエキスパート、宝賀寿男氏に話したのです。すると氏はたちどころに、中原

◆美作蔵人朝親の血縁？　武田勝頼

1546〜82年。美作蔵人朝親は甲斐源氏に婿入りし、それゆえに源を名乗っていたと思われる。その甲斐源氏の棟梁が武田家で、頼朝旗揚げ時、武田は頼朝と連携は取っていたが、けっして「頼朝に従っていた」わけではない、と強調する彦由《ひこよし》一太という研究者がいらっしゃった。彦由先生の説によると、富士川の戦いなどは実質、武田勢が平家軍を打ち破ったもの、という。名門武田家は勝頼の代で滅び、文書も伝わっていない。文書が伝来していれば、そのあたりのことがもっと鮮明になったはずである（武田勝頼像、東京大学史料編纂所所蔵模写）。

広季の甥に朝親という人物がいる。それではないか、と教えてくださいました。そこで『中原系図』をみると、たしかにそうであるらしい。彼もまた親能を経由して、鎌倉幕府に仕えた文官ではなかったか。そして武田などの甲斐源氏と縁を結び、幕府政治で活躍した。やがて若狭国本郷に所領を得て、本郷氏を名乗った。そう、彼こそは、本郷家の初代さまだったのです。

下文の数奇な運命

源頼朝はこれまで見てきたように、治承４（１１８０）年の旗揚げ直後から、従属してくる武士に「お前の土地所有を承認する」という本領安堵の文書を発給しました。この文書の形式は、くり返しになりますが「下文」と呼ばれるもので、多くの場合は文書の右側（文書の「袖」部分と呼ぶ）に頼朝の花押が記されていました。それは「私、頼朝が認めるぞ」という意味でした。

ところが建久３（１１９２）年に征夷大将軍になると、頼朝は下文の形式を変えます。今までの下文は回収して、あらたに幕府の役所である「将軍家政所《まんどころ》」が作成する下文を御家人たちに与えたのです。これは「将軍家政所下す」と書き出すもので、呼びかけの主体は頼朝個人ではなく、幕府組織である政所になります。そのため、頼朝の花押は書かれず、政所職員の自署と花押が記されました。

この改変に公然と不平をならした御家人がいた、と『吾妻鏡』は記します。房総半島随一の有力者である千葉常胤です。常胤の言い分はこうです。「頼朝さまの花押があってこそ、文書は土地領有の証拠としての効力をもつ。いま新たに頂戴した下文を見ると、ここに名を連ねているのは、政所の役人どもばかりである。こんなものは子々孫々までの貴重な証文にはなり得ない。他の御家人はいざ知らず、幕府創業からの功績をお考えいただいて、私には以前の形式の下文を賜りたい」。そう頼まれた頼朝は、常胤が言うならば仕方あるまい、と自身の花押を記した下文を作成して与えたそうです。

『吾妻鏡』は信頼性は高いとはいえ、後に編纂された歴史書ですから、このエピソードが間違いのない史実かというと、そこまでは断言できません。隆盛を誇った千葉の家は、戦国時代に没落してしまい、残念ながら古くからの文書は失われています。そのため現物は残っておらず、確認することができないのです。

ところが、東大史料編纂所が架蔵している影写本『松平基則氏所蔵文書』の中に、刮目《かつもく》すべき実例が存在しました。それは幕府が小山朝政に宛てた2通の下文です。１通は、ある一つの土地について、将軍家政所が朝政の権利を認めている。もう1通の下文では、そうした個々の所領をひっくるめて、すべての所領について頼朝が、朝政の権利を認めている。もちろん、文書の袖には、頼朝の大きな花押が据えてあります。

こうしたセットがあるからには、『吾妻鏡』のエピソードは史実と受け止めてよいのではないでしょうか。千葉常胤が頼朝の下文をもらっているので、小山朝政は「じゃあ、私にも」とお願いし、許されたのでしょう。

さて、この『松平基則氏所蔵文書』ですが、松平基則氏とはどんな人物でしょうか。調べてみると、明治８（１８７５）年に生まれ、昭和５（１９３０）年に没した伯爵で、直基《なおもと》系越前松平家第13代当主だそうです。徳川家康の次男は松平（結城）秀康ですが、この家は秀康の五男、直基に始まり、前橋15万石の殿さまとして明治維新を迎えました。

松平秀康は父の家康に愛されなかった、といいます。生母の身分が低かったためか、あるいは家康が双子（秀康は双子の一人として産まれた）を良く思わなかったためか。

それで豊臣秀吉の元に人質として送られ、やがて秀吉の差配で、結城家の養子となります。結城家は小山朝政の弟である朝光が興した有力家で、両家はずっと密接な関係を有し、室町時代に小山の家が絶えると、伝来文書の一部は結城家に入ったのです。

結城家はやがて戦国大名となり、秀吉に臣従します。そして秀康を養子に迎え、彼に家の財産が譲られることになりました。ところが家康が天下人となると、秀康は越前を拝領して結城の地を離れ、松平姓に復しました。結城家は結局、大名家としては消滅します。ただし、秀康は五男の直基に結城家の祭祀《さいし》の続行を命じました。結城と小山の文書は、そのために直基の管理するところとなったのです。

影写本というのは、コピーのなかった時代、本物そっくりに作った写しです。名称はというと、○○家が先祖代々伝えてきた文書は「○○文書」とします。一方で、自分の家に伝わったものではなく、△△さんが収集した文書であるときは、「△△氏所蔵文書」という言い方になります。松平基則氏の場合、結城家の祭祀を執り行っていたとはいえ、結城から松平に復しているので、「所蔵文書」となったのでしょう。

『松平基則氏所蔵文書』は明治37（1904）年に作成されました。それ以来、多くの研究者の閲覧に供されていますが、実物の方は太平洋戦争の戦火によって焼失してしまっています。たとえば戦国大名・結城家が制定した分国法『結城氏新法度』はこの文書群に含まれていて、それは焼けて失われた。そのため、史料編纂所の影写本が一番良いテキストになっています。

とすると、小山朝政あての下文2通も焼けてしまっているはず。そう思われてきま

◆越前松平家の祖、松平秀康

1574〜1607年。母は三河の神職であった永見氏の娘。家康生母のお大の方のめいであるらしい。彼が生まれたとき、家康は認知すらしなかった。この薄礼は母の身分が低いためといわれるが、お大の方の親族なら問題ないように思う。他の理由があったのか。家康の男子としては、長男の松平信康が切腹したあとでは最年長だったが、後継者は異母弟の秀忠と定まっていて、人質として豊臣家に送られた。家康が関東に移るタイミングで、下総・結城家を継いで10万石ほど。関ケ原の戦いの後に越前68万石の太守となった。30代半ばで亡くなっているが、梅毒によるという（松平秀康像、東京大学史料編纂所所蔵模写）。

した。ところが、それが何と生き残っていたのです。松平家が戦争前に何枚かの文書を手放していて（その経緯はぼくは知りません）、それでこの貴重な文書が現存している、というわけです。失われないで、本当に良かった、良かった。

あなたたちの「実証」とはつまらないものなんだな

前項では源頼朝の下文の話をしました。

①建久３（１１９２）年に征夷大将軍に任じられると、頼朝は従来の下文を回収し、新しい形式の下文を発給した。従来型は頼朝自身が御家人に語りかけるかたち。新型は幕府の役所である政所が御家人に通達を下す。

②『吾妻鏡』には下総の千葉常胤がこれに反発したとある。頼朝自身の花押がない新型では、後世までの証拠にならない。私には従来型を再発行してほしい。頼朝はそれを受け入れた。

③千葉がもらった文書は失われて残っていないが、下野の小山朝政がやはり新型に加えて従来型をもらっている。その文書の現物は現在に伝わっている。

こんな話でした。本項は、その続きです。

千葉常胤は下総国の最有力者。小山朝政は下野第一の武士。彼らは広い領地を有していて大きな兵力を保持しています。頼朝は贅沢《ぜいたく》をする文官の筑後権守《ごんのかみ》俊兼を叱ります。千葉常胤や土肥実平はお前と違って無学だが、質実剛健、ということを知っている。倹約を心がけ、余った資源で兵を雇い、いざというときはその優勢な兵力をもって私に忠節を尽くしてくれるのだ、と。

同じような話は小山にもあります。文治5（1189）年、頼朝は平泉討伐のために奥州へ向かう途中、下野の小山政光の屋敷に立ち寄りました。政光は朝政の父親です。もてなしの場に熊谷直実《くまがいなおざね》の嫡子・直家がいたので、頼朝は政光に「この者は本朝無双の勇士だ」と紹介します。「一ノ谷など平氏追討の戦場で、父とともに命がけで戦ったのだ」。すると政光は笑って言いました。この直家は、家来を養えないため、自ら戦うしかないのです。私は郎党を派遣して勲功を挙げ、頼朝さまに尽くしています。なあ皆の者、今度の戦では、先頭に進んで自身で手柄を立て、無双の勇士と褒めていただこうではないか。

頼朝は苦りきったでしょうが、政光の言葉は正しい。戦は数だ、というリアルを、鎌倉武士は体得していました。そして兵力の多い武士として、千葉と小山が例にされている。この国にその人あり、とうたわれる武士は、300ほどを率いていた、というのがぼくの見立てですが、すると千葉や小山の兵力は500ほどを数えたのでしょうか。

話を戻します。頼朝はなぜ、下文の形式を改変したのでしょう。それは将軍と御家人の主従関係を、よりシステマティックなものにするため。あわせて将軍の位置を御家人から遠ざけ、その権威の増大を図るため、と考えられます。

とすると、ここから推測1になります。きっと頼朝は、従来型の下文を出してくれ、と頼んできたのが千葉や小山だったから、応じたのだろう。規模の小さな、たとえば熊谷直家などがお願いしても、聞き入れてはもらえなかったろう。もし彼らにまで従来型の下文を与えては、下文の形式を変える意味が無くなりますから。

この推測1はいかがでしょう。認めてもらえる、と思います。まあ、ここで推測をやめておけばいろいろ言われなくて済むのですが、ぼくはやはり、論を一歩進めたい。「南関東四カ国」という言葉があります。『曽我物語』の古い本に出てきます。駿河・伊豆・相模・武蔵の4カ国の武士は日ごろ仲良くつきあい、婚姻を結び、狩りに出かけ、同じ神（箱根権現、伊豆山権現など）を信仰していた。彼ら「南関東四カ国」の交わりの上に、幕府は樹立された。そう五味文彦先生は指摘されます。

卓見だと思います。この五味説をもとに、ぼくは次のように発想しました。鎌倉幕府の本拠は関東ですが、そこには差異がある。「南関東四カ国」がまさに幕府のお膝元。利根川（当時）で隔てられた房総半島はそれに準じ、上野・下野・常陸は第３グ

◆結城から来た小山家当主、小山高朝

1508〜75年。結城という町は現在は茨城県結城市であるが、常陸国ではなく、下総国に属する。また、結城の領主である結城氏は、下野の小山家と深いつながりをもつ。松平（結城）秀康の養父であった結城晴朝はこの肖像の小山高朝の子供で、高朝は結城政朝の子、という複雑な関係にある。小山氏歴代の祇園城を本拠として、下野第一の武将として活躍した。とはいえ上杉謙信、北条氏康のあいだで、去就に悩むことが多かったようだ（小山高朝像、東京大学史料編纂所所蔵模写）。

ループになる。

そこで推測2になります。千葉と小山は「南関東四カ国」の武士ではありません。頼朝は彼らにはある種の遠慮があった。言ってみれば外様《とざま》に近い感じでしょうか。だから、願いを聞き入れざるを得なかった。もしこれが三浦や畠山など、「南関東四カ国」の有力武士だったらどうか。幕府を支えるお前たちが、わがままを言ってはならん！　頼朝はそう戒めて、許さなかったのではないか。だから、従来型をもらうことができたのは、本当に数少ない家で、千葉・小山の他、結城とか、足利とかがせいぜいだったのではないか。

さあ、この推測2はどうでしょう。ぼくがこれを仲間内の研究発表の場で披露したところ、散々に否定されました。実証主義の見地からすると、「そうした推測自体をしてはならないのだ」とまで言われました。ああ、あなたたちの「実証」とは随分つまらないものなんだな、とすっかり鼻白んだぼくは、その仲間から抜けました。今となってはどうでもよい思い出ですが、この辺で研究者ははっきりと分類できるようです。

ガンプラ転売に思う「倫理」

最近、転売ヤーなる言葉をよくネットニュースで見かけます。ある商品を人よりも先に購入し、ネットオークションなどを利用して高く売る。それが転売ヤー。商品は利益が出そうなものなら何でも良いわけですが、いまもっぱら注目を集めているのがガンプラ（アニメ『ガンダム』シリーズに登場するモビルスーツのプラモデル）で、マニアの人が正規の手続きで新商品を購入しようとしても、転売ヤーが買い占めるために手に入らない。

転売ヤーは個人なのか、それとも大がかりな組織なのか。そのあたりはブラックボックスらしいのですが、プラモデルを扱う雑誌の編集者がツイッターで転売行為を容認する投稿をしたところ、大炎上。正価の2倍3倍の金額で買わねばならなかったプラモマニアが、文句を言いたくなる気持ちは痛いほど分かります。結果、その編集者はクビになってしまった。でも彼にも不当解雇だ、と訴える権利はあるわけで、この問題も含めてガンプラ転売の話、どうなっていくのでしょうか。

なぜ、こんな話をしたかというと、いま本書で話題にしている古文書にも、似たような話があるのです。古文書も売買の対象となります。能書家、優れた宗教者、著名な武将などの筆跡は茶席の掛け軸として重宝されるらしく、結構な値が付きます。コレクターもいらっしゃる。中国人が買っているという話も聞きます。

平成4（1992）年に、山川出版社から『長福寺文書の研究』という本が出版されました。長福寺は京都の梅津というところに所在する、長い歴史をもつ禅宗寺院ですが、その文書は近世に多くが寺外に流出し、ばらけてしまった。明治時代の古文書コレクターが何通かを保有していたり、全国の研究機関にも点在していた。東京大学の日本史学研究室はまとまった量の文書を所蔵しており、それで石井進先生、五味文彦先生の指導のもと、すべての長福寺文書のデータを集め、寺の歴史や文書自体の特質について明らかにする研究会が発足した。その成果をまとめたものが先の本です。

どういう嗅覚が働くのか、史料編纂所の書庫にある『〇〇氏所蔵文書』の中から「これ長福寺のものでしょ」と見つけてくるのは本郷恵子さん。年次を欠いている文書も含めて、全体の編年を考察したのは村井章介さん。花押の人物の比定はぼくが担当しましたし、難解な文字の解読は、みんなでやったのかな。作業は職人芸の領域に入っていった感じでした。前項で言及した「実証、実証」と主張するだけの人など戦力にならない、高度な仕事の結晶。それが、くり返しになりますが『長福寺文書の研究』です。

さて、それで、この本が世に出て何が起きたか。もちろん、こんな本が売れるわけはありません。報道機関を集めて記者会見、なんて発想のないころでしたから、マスコミも注目してはくれなかった。研究会メンバーには「勉強になった」以外のメリットはなかったのです。まあ、史料集なんてそんなものかもしれません。

ところが、影響は妙なところに表れた。古書店が取り扱う長福寺文書の値段が、大幅に値上がりしたのです。え、今までより0（ゼロ）1つ多くない……？　まあでもそうか、今までは内容も由緒も何が何だか分からない、古文書だった。けれど、今やこの本を見れば、文書の内容や背景を、びしっと説明ができる。ならば価格を上げようじゃないか、ということなのでしょう。私たちの奮闘努力は、古書店さんをもうけさせる結果となったのです。

このことを経験したとき、世間知らずだったぼくは思いました。そうか、中身がよく分かっていない古文書を買ってきて、文意を解釈して、故事来歴を明らかにする。

その結果をリポートにまとめて古書店に持ち込めば、はるかに高く買い取ってくれるのではないか。お小遣いにはなるな。

ところが、そんな小銭稼ぎを思いついたぼくの脳裏に、史料編纂所の先輩方の教訓がよみがえってきました。「少なくとも史料編纂所員でいるあいだは、プライベートでの古文書の売買に携わってはならない」

古文書の所蔵者になると、コレクターの業として、あれもこれも欲しくなる。史料編纂所の書庫には古文書の本物がたくさんある。そうすると、誘惑に負けて1枚、2枚と道を踏み外さぬとも限らない。だったら初めから、古文書を所有しないことだ。ぼくは戒めをそういうふうに解釈していました。

うん、確かにそれもあるかもしれない。でも、先輩方はもう一点、クギを刺してくれたのではないでしょうか。それはいまの言葉で言うと、転売ヤーにはなるな、ということ。古文書はあくまで研究の対象である。それを金銭の脈絡で捉えるなど、もってのほかである。

転売は合法だ、と説明される経済学者は少なくないそうです。転売ヤーの存在は、否定することはできないのだ、と。確かに合法なのかもしれないけれど、理解も愛もない人たちが、転売目的にガンプラを買いあさるのは、ぼくはいやですね、やっぱり。それと同様に、史料編纂所の先輩方は、古文書についての倫理というものを教えてくれたのだと受け止めています。ですから、お菓子のおまけから万年筆に至るまで、種々の収集癖のあるぼくですが、古文書のコレクションは一切やっておりません。

部下を「下げつつ上げた」頼朝

史料編纂所の文書調査について、少しご紹介してみましょう。平成９（１９９７）年、ぼくは教授お一人、助教授お一人とともに、３人で大分市の歴史資料館を訪ね、文書資料の調査をしました。そのとき同館の学芸員の方が、一通の文書を見せてくださいました。それが「毛利空桑《くうそう》記念館文書」の一通で、当時、歴史資料館の預かりになっていた伝源頼朝書状でした。

頼朝と聞いて目を輝かせた私は、文書を撮影して史料編纂所に帰り、検討を始めました。文書は掛け軸にでもしたのか、下の余白部分が切られていましたが、作成時の形態をよく伝えてくれています。言葉遣い、文章、紙質などなど、中世初期のものとしておかしなところは見当たりません。次にその文章と訳をご紹介しましょう。文書中で改行しているところは▽印で表しています。

【原文】被仰下候、丹波国▽前（カ）山庄住人為重・永▽遠等、可令召進事、謹以▽承候了、但京都にさも▽候ぬへき家人も不候候、如此▽少事者、只仰付検非違▽使、可被召候也、猶可令召▽進候者、時定に可令仰付▽御候、彼男不当第一不覚▽烏許者に候、然而行家▽なとを尋出候許に候、▽召取件輩候はむ間も▽定致僻事候歟、且以書▽状、所令下知候也、以此旨可令洩▽達給候、頼朝恐々謹言、▽七月十七日　頼朝
（花押）

【現代語訳】仰せ下されました丹波国前（カ）山庄の住人為重・永遠などを捕縛いたしますこと、謹んで承りました。ただし、京都にはしかるべき家来がおりません。このような小事は検非違使に仰せつけるのが適当かと存じます。でも是非にとのことでしたら、（北条）時定に仰せつけ給《たま》うのがよろしいかと。この男はまったくだめなやつで不覚なばか者ですが、（源）行家を追討したばかりです。先の者を召し捕る間

にもきっとよろしくないことをしでかすでしょうが、とりあえず書状で下知をいたしました。このことをどうかお耳に入れてくださいませ。

まず考えるべきは、この文書の真偽です。そこでこれを、「保阪潤治氏旧蔵文書」の中の「(年欠) 四月七日、源頼朝書状」と比較してみました。この文書は頼朝文書研究の第一人者、黒川高明先生により、間違いのないものである、とのお墨付きをいただいています。すると、両者の筆跡は実によく似ていることが分かりました。国、庄、重、承、家、候《さぶら》はむ、などが同じような形でくずされているのです。

さらに、現在は駒澤大学で教鞭《きょうべん》を執っておられる、林譲先生が教えてくださいました。「島津家文書」中の「(年欠) 七月十日源頼朝御教書」の字は、右の2通の字と一致する。この文書で頼朝の意を受けて文書を書いているのは、奉者《ほうじゃ》として署名している「平」であり、これは頼朝の書記役として旺盛な活動を見せている平盛時である、と。大分の頼朝文書は平盛時が書いた、本物とみて間違いないでしょう。ちなみに、頼朝が自身で書いた文書というのは、今のところ発見されていません。みな右筆と呼ばれる、書記役が書いています。林先生は、この書記役たちについての研究に力を注いでいらっしゃいます。

文書の宛先は書いてありませんが、このような文書は直接には吉田経房という人物にあてられ、そこから後白河法皇に伝えられるのが常でした。本文書も「洩れ達する」という表現を使っているので、真の宛先は後白河法皇とするのが妥当でしょう。

文中では、北条時定がぼろくそに言われていますね。「不当第一、不覚烏許者」。烏許は正しくは烏滸《おこ》、でしょうか。愚かしいさまを指します。時定は北条時政の一族で、いとことも、甥とも。本当は彼の方が北条の本家筋だ、という説もあるようです。文治2(1186)年5月12日、彼は和泉国近木《こぎ》郷に潜んでいた源行家(新宮十郎。頼朝や義経の叔父)の居所をつきとめ、襲撃して誅殺するという大手柄を立てています。頼朝は時定を下げているようで、彼の功績をちゃんと法皇に売り込んでいるのです。またこのことから、文書は年欠ですが、文治2年のもの、と考えてよいでしょう。

最後に、なぜこの文書が大分にあるのか、という話を。大分県の大部分は豊後国ですが、同国を長く治めていたのが鎌倉時代以来の大友氏。ところが大友吉統は豊臣秀吉によって改易され、大名・大友家は失われてしまいます。大友家の一流は松野と姓を変え、熊本の細川氏の重臣となりました。それで、明治20(1887)年の史料編纂所の調査によると、松野直友氏が所蔵する文書の中に、本文書がありました。

松野家が所蔵する文書は流出したようで、本文書は大分の学者、毛利空桑の手に渡ったようです。同氏が集めた文書は大分市が運営する「毛利空桑記念館」の所有になり、同様に大分市の施設である歴史資料館が保管している、とのことでした。

ただ、この説明でも、そもそもなぜ、大友氏がこの文書を持っていたのかは不明と

◆毛利空桑

1797〜1884年。江戸時代末期から明治時代初期にかけて活躍した儒学者、教育家、尊皇論者。熊本藩の飛び地であった豊後国大分郡高田郷常行《つねゆき》で、熊本藩の藩医、毛利太玄《たいげん》の第2子として生まれる。帆足万里《ほあしばんり》のもとで儒学を学び、熊本藩の藩校・時習館でも学んだ。28歳で帰郷して、知来館と称する塾を開いた。門弟は1000人を超え、尊皇思想家として吉田松陰らにも影響を与えた。写真を見ると、古武士の風格があり、長い刀を差しているのがわかる。空桑記念館の方に伺ったところ、午前は勉学、午後は武術に励んでおり、武道なくして真の文なし、が信条だったそうである（毛利空桑肖像写真、大分市教育委員会提供）。

しか言いようがありません。この点については、後考を期したいと思っています。

第6章　歴史研究者を悩ませる「自作自演」

後醍醐天皇が部下になりきった？

宝剣代に用いられんがために、旧神宝の内、御剣有らば、渡し奉るべし、てえれば、綸旨かくの如し、これを悉くせ、

三月十七日　左中将（花押）

杵築神主之館

この文書は元弘3（1333）年3月17日の後醍醐天皇の綸旨です。差出人の左中将は千種忠顕、宛先は出雲大社で、『千家文書』中の1通となります。宝剣の代わりとして使いたいので、古い神宝のうちに剣があったら献上せよ、という意味のことが簡潔にしたためられています。

前年に幕府によって隠岐島に流されていた後醍醐天皇は、元弘3年の閏2月に島を脱出し、伯耆《ほうき》国の船上山に立てこもりました。そこで近隣の出雲大社のことを聞いたのでしょうか、天皇は剣が欲しい、と求めています。ご存じのように三種の神器のうち、剣は壇ノ浦の戦いで海中に沈んでしまいました。その代わりとして用いたい、と

いうことですね。

何度か説明してまいりましたが、身分の高い人は直には意思を伝達しません。手紙（書状）は書かずに、自分の部下に伝えさせます。「私の主人のだれだれさまが、このように仰っている。承知するように」というかたちですね。くり返しますが、手紙など直接のものを直状というのに対し、下の人が主命を奉じるので、こうした形式の文書を奉書といいます。そのうち、主人が天皇なら綸旨、上皇なら院宣、親王なら令旨という名前になります。

この文書を作成している千種忠顕は村上源氏。つまり源氏といっても、武士ではなく、貴族の家の人です。お父さんは権中納言・六条有忠。学問よりも笠懸《かさがけ》や犬追物《いぬおうもの》など武芸を好んだという変わり種で、後醍醐天皇はこの青年をたいへんにかわいがりました。天皇が隠岐島に流されると、お供をしています。流罪決定の時点では天皇が許されて島を出ることは想定されていませんので、忠顕は京都での生活と将来を捨てて、随伴したことになる。天皇の信任があつくなるのは当然ですね。

綸旨を奉じるのは、蔵人、弁官、またはその経験者である伝奏です。この時の忠顕は蔵人を束ねる蔵人頭《くろうどのとう》に任じられている。かつ左中将を兼ねている。『源氏物語』に出てくる頭中将《とうのちゅうじょう》、なのです。蔵人頭は2人ですが、その部下であり文書作成に関わる五位の蔵人は複数います。それで彼らは、蔵人の他に兼ねている官（兼官といいます）の方を署名に用います。後醍醐天皇の蔵人でいうと、高倉光守は勘解由次官《かげゆのすけ》、岡崎範国は式部少輔《しきぶのしょう》と署名します。これなら誰か、分かる人にはすぐに分かるからです。蔵人頭も、蔵人頭とは書きません。兼ねている中将か弁官（頭中将に対して頭弁《とうのべん》という）の方で署名します。

こう見ていくと、この綸旨には特筆すべき点はなさそうに見えます。後醍醐天皇の綸旨として、古文書学的には何の問題もなし、と。ところが、さすが昔の先生方はすごい。あれ？　と気がついた方がいらっしゃった。お名前は不明ですが。

元弘3年9月22日の日付をもつ、後醍醐天皇の自筆文書が東寺に残されています。内容は仏舎利の使用制限の申し置き。東寺には釈迦の遺骨である仏舎利が4千粒ほど保管されていました。釈迦の本当の骨かどうかの詮議《せんぎ》はヤボで、ともかく大切にされていた。そして密教の加持祈禱《かじきとう》を行うときに、この仏舎利が使用された。たとえば天皇の病気平癒を祈願するので10粒ください、と朝廷から勅使が派遣された。そうしたことがくり返されるうち、鎌倉末期の段階で、仏舎利は千粒ほどに減少していた。この事態を憂慮した後醍醐天皇は、父の後宇多天皇に続いて、よほどの大事以外には仏舎利を持ち出さぬよう、命じたのです。

文書の画像としては、国立歴史民俗博物館さんの「歴博だより」に掲載されていますので「歴博　後醍醐天皇　仏舎利」で検索をかけていただくと出てくると思います。「仏舎利事」と書き始める文書です。末尾には「元弘三年九月廿二日　花押」とあり、

◆賢帝、後宇多天皇

1267〜1324年。後醍醐天皇の父君。網野善彦先生により、真言密教への深い理解とあつい信仰を有する天皇だったことが明らかにされた。私はそれだけでなく、政治的にもきわめて英邁《えいまい》な君主だったと分析した。幕府との連携を大切にしていたが、その没後すぐに正中《しょうちゅう》の変が起きているところから、後醍醐天皇の倒幕を何とか押し止めていたのがこの方だったと推測できる。ただ、この肖像は、後宇多天皇のものとされているが、像容の上の2首の歌からすると、高倉天皇のものであるようだ（後宇多天皇宸影［高倉天皇画像］、東京大学史料編纂所所蔵模写）。

これは後醍醐天皇の花押ですが、花押を書くのに用いている墨の色と本文を書いている墨の色が同一なので、この文書全体が天皇の自筆であることが分かります。

そこで、この文書と先の千家文書の綸旨とを比較してみると、実に興味深いことが判明する。「宝」という字、「剣」という字、「月」に「日」、これらの字が同じ筆遣いで記されている。つまり千家文書の綸旨は筆跡の鑑定により、千種忠顕が書いたのではなく、天皇が書いたものだと認められるのです。

これはどういうことか。天皇は出雲大社に対して、適当な剣があったら渡すよう命じたいと思った。それで、忠顕に書かせればよかったのですが、彼はおそらく倒幕の軍事活動（忠顕は軍事もできる貴族でした）に忙しく、天皇のそば近くにいなかった。そこで天皇は、何とビックリ、自身が忠顕になりきって、文書を作成したのです。どうしてこんな面倒くさいことをしたのか。そのあたりを次に考えましょう。

文書一枚が発想の転換の端緒に

前項では後醍醐天皇が出雲大社に「しかるべき剣があったら、いただきたい」という綸旨を発給した、ということを記しました。綸旨の作成者は蔵人頭の千種忠顕。ところが書かれている筆跡を鑑定してみると、紛れもなく後醍醐天皇の文字。つまり天皇は自身が忠顕になりきって、綸旨を書いている、という話でした。

なぜ、こんな訳の分からない事態が起きているのか。一つには天皇が滞在していたのが伯耆の船上山で、そば近くに肝心の忠顕がいなかった、また、忠顕に代わることのできる近臣もいなかった、ということがあります。でも、それではまだ十分な答えになっていない。なぜなら、ぼくたちの感覚に従うならば、もし意思を伝達したいなら、天皇があくまでも天皇として、手紙を書けばいいじゃないか、ということになる。古文書学的に言うなら、奉書を作成するのを諦めて、直状を書けばいいじゃないか、ということです。それをしなかった理由について考えていきたい。

天皇が出雲大社に対して手紙を書かなかった。それはやはり、当時の上下関係にこだわったからではないでしょうか。相手が身分秩序の上位者、たとえば皇族などであれば、天皇は手紙をしたためた。けれども、出雲大社では天皇という尊い存在と釣り合いが取れない。だから綸旨という文書様式を採用する必要があった。そのために天皇は、千種忠顕になりきり、わざわざ忠顕の花押まで偽造して、文書を作成した。

それからどうしても身分にこだわりたいなら、忠顕ではない誰かに書かせればよかったのに、ということも可能です。いかに船上山の仮住まいといっても、天皇が生活する周囲には、文字が書ける誰かはいたことでしょう。けれども、天皇にしてみれば、綸旨の書き手は、蔵人か弁官でなければならなかった。他の誰か、ということは認められなかったのです。

後醍醐天皇というと、「新しい」ことを試みた方、という評価があります。「朕《ちん》が新儀は未来の先例」、という言葉はあまりにも有名です。私(後醍醐天皇)が行う新しいことは、時間が経過すれば、皆が準拠する先例になるのだ、という意味です。佐藤進一先生はとくに人事において、天皇は当時の先例=慣習を打破する人材の起用をした、と指摘する。網野善彦先生は従来の慣例に拘泥しない天皇の統治は「異形《いぎょう》の王権」だったとする。

後醍醐天皇は新しいこと、朝廷の因習を破るような改革に取り組んだ。けれどもそれは新しすぎて周囲に理解されなかった。それで建武の新政は短期間のうちに崩壊した。要約すると、佐藤・網野といった偉大なる先学たちはこの流れで、後醍醐天皇と建武政権を捉えます。つまり、後醍醐天皇への政治的な評価は、明治以来の歴史学と同じく、きわめて高いのです。建武政府は失敗したけれど、悪いのは頭の固い周囲であって、天皇ではない、ということですね。

けれども、この綸旨に接したときに、それは妥当な解釈なのか。ぼくはつい首をかしげてしまうのです。天皇は綸旨という文書様式に強く拘束されている。逸脱は許可できない。新しい工夫もない。

それはあくまでも文書のことにすぎないだろう。文書は文書、政務は政務だ。そう指摘することは可能でしょう。しかしながら、政務という作業の本質は、他者に自分の意図を伝達し、働きかけることですね。その意味で文書のありようは、きわめて重要な分析の素材になり得る。そしてそこで、天皇はちっとも「新し」くなかった。伝統に忠実だった。

とすると、天皇の本質は、「新しさ」ではなく、「古さ」に求めることもできるのではないだろうか。ぼくはそう発想したのです。建武政権は「古い」ままだった。だからこそ、時代の波に乗れずに崩壊した。それこそがむしろ、自然な解釈ではないでしょうか。

建武政府の本質についての言及はおくことにしますが、文書一枚が発想の転換の端緒になったわけです。それで、ここでは、文書についてさらに見ていくことにしましょう。

20年ほど前、ぼくは伯耆大山《ほうきだいせん》の文書調査に赴きました。そのついでに、鳥取県米子市周辺に所在する古文書も見ておきたいと思った。それで『鳥取県史』をめくっていると、米子の個人のお宅に後醍醐天皇の綸旨があることが分かりました。これは写真

◆後醍醐天皇が敬愛した醍醐天皇

885～930年。臣籍として生まれた唯一の天皇。父の即位（宇多天皇）とともに皇族となり、名を敦仁親王に改めた。即位すると、藤原時平、菅原道真を左右大臣に任じて摂政・関白を置かず政務を推進。平安時代最長となる33年間在位し、その治世は後世「延喜の治」と理想化された。後醍醐天皇はこの天皇を敬愛し、自身を「後の醍醐」と名づけるよう周囲に命じた。かつてはこのように、生前に自身の追号を定めるのは後醍醐天皇だけの事例とされたが、野村朋弘氏の研究により、格別珍しくないことが明らかになっている（醍醐天皇像、東京大学史料編纂所所蔵模写）。

を撮っておかなくては。その方（便宜上、Ａさんと表記します）に連絡したところ、まことにありがたいことに、調査・撮影を快く許してくださいました。それでは張り切って米子に向かおう。そのときにぼくはふと、出雲大社の文書を思い出したのです。米子というと、まさに船上山のあるところ。もしかして……。それで後醍醐天皇の筆跡が分かる文書のコピーを持参することにしました。

Ａさんのご立派なお宅を訪ねて文書を見せていただきました。ぼくは一目見て、息をのみました。「国」「可」という字の書き方、年号の書き方。大覚寺統に共通する、比較的まるい、力のこもった雄渾《ゆうこん》な文字（対して持明院統の天皇・皇子の字はサラサラと流麗なことが多い）。後醍醐天皇の字だ。ここにもあったんだ……。

歴史研究者を悩ませる天皇直筆の「自作自演」

ぼくが鳥取県米子市の個人宅で見つけた文書を記しておきます。

巨勢宗国、依有合戦忠、可有恩賞矣、

元弘三年三月四日　左近中将（花押）

とりあえず解釈をすると、巨勢宗国というのは、当時この地方に勢力があった神官かつ武士的な存在で、文書の持ち主、Ａさんのご先祖さまです。その宗国は後醍醐天皇の指令を受容して、幕府方と戦った。文書の言葉で言うなら、「合戦の忠」を尽くした。そこで、恩賞を与えよう、というわけですね。

さて、この文書ですが、なんと文書名をつけるのが妥当でしょうか。実はぼく自身が間違っていたようなので、何とも気が引ける問いかけになってしまうのですが……。まずしっかり確認しておきましょう。この文書は、差出人である（あ）が、受取人である（い）に出した、シンプルな直状でしょうか。それとも、差出人（あ）は上位者の（う）の意向を受けて（い）に文書を出しているのでしょうか。こちらであれば、奉書、ということになりますね。

古文書学では文書の様式に重きを置き、様式ごとに機能とか特徴とか、差出人（あ）と受取人（い）の相互関係とかを考察していきます。様式が基本になるのです。それで、様式に限定して目をこらすなら、この文書はどうみても直状です。「仰せによりて」とか、それに類する文言はない。差出人は左近中将、受取人は巨勢宗国。真の差出人である（う）はどこにも書かれていない。そうなると、この文書に名前をつけるなら、うーん、そうですねえ、左近中将は千種忠顕ですので、千種忠顕書き下し、くらいかなあ。それしか文書名のつけようがないのです。

ではみんなは、どういう文書名にしているか。『鳥取県史』、それから鳥取県関係のネットの説明では、綸旨、としている。いや、それはおかしくないかなあ。綸旨というのは、天皇の意を受けて蔵人か弁官が書く文書。奉書でなくてはならない。この文書は直状ですので、様式を見る限り、綸旨とはいえない。

けれども、文書の中身を考えると、くどいですが、様式ではなく中身です、中身についてみると、千種忠顕は天皇の意を受けて文書を作成するポジション（＝蔵人頭）にいるわけですから、彼が勝手に書いているとは思えない。何より、彼には恩賞を出す権限が、ない。恩賞を与えるのは、天皇（武家の文書世界では将軍）です。となると、「仰せ」の文言はないけれど、これは変種の綸旨である。中身に着目すると、そう強弁できるのです。

さて、そこで、いよいよ核心に触れます。この文書はいったい誰が書いたのか。答えは、後醍醐天皇、になります。千種忠顕の名を借りて、天皇が書いている。さあ、これらはどう説明すべきか。

想像できる事態はこうです。天皇は宗国の行動に対して恩賞を与えようと思った。でも千種忠顕はいない。尊貴な立場にある自分が露出するわけにはいかぬので、忠顕になりきって、文書を出すことに決めた。では、綸旨を出すか。いや、宗国は綸旨を受け取れる身分ではない。形式の整った綸旨では破格な扱いになるから、なんだか訳の分からない文書にしてしまおう。天皇はそう考えて、このなんだかよく分からない文書が誕生した。

たとえば、次のような文書もあります。

道覚相率勇健之士、可致合戦之忠節、於有勲功者、可被行勧賞者、綸旨如此、悉之、
元弘三年四月廿三日　勘解由次官（花押）

これは牛屎《うしくそ》文書の一通で、牛屎道覚に呼びかけています。

道覚よ、勇士を率いて、合戦の忠節に励みなさい。勲功があったなら、褒美をとら

せるであろう。後醍醐天皇のご意思はかくのごときである。承知せよ。

差出人（い）は蔵人の高倉光守、真の差出人（う）は後醍醐天皇。これならば形式的に綸旨といえますが、通常の綸旨と異なる点は宛名がないこと。佐藤進一先生は、道覚の身分が低くて、綸旨を受け取るにふさわしくないので、宛名を書かず、宛先で

◆後醍醐天皇を支えた文官、万里小路藤房

1296年～?　文保2（1318）年の後醍醐天皇即位に伴い蔵人に補任。蔵人頭、参議を経て正中3（1326）年、従三位・権中納言。元弘元（1331）年正二位・中納言。急速な昇進は後醍醐天皇の信頼をあらわすものだろう。同年の元弘の変では天皇に供奉《ぐぶ》して笠置山へ逃れ、笠置山が陥落すると常陸国に流された。弟の季房が同国に流されて殺害されたのに対し、藤房はやがて帰京し、建武政権で重く用いられた。ところが、建武元（1334）年10月5日に突然出家し、世を捨てた。理由はよく分かっていない（万里小路［藤原］藤房画像、東京大学史料編纂所所蔵模写）。

ある道覚の名は本文中に取り込んだのだ、と説明します（『古文書学入門』）。この説明に異を唱える研究者はいないと思います。となると、先の巨勢宗国は道覚よりさらにもう1段、身分が下だと認識されていた（道覚は御家人で、宗国は御家人ではないでしょう）。それでますます、普通の綸旨ではなくなっている。具体的に言うと、「綸旨」という言葉を使いたくなかったのではないか。だから直状のかたちになってしまっている、と考えられるのです。

さて、では文書名は？　うーん、どうすべきでしょうか。

忘却の大学者・平泉澄の「大発見」

後醍醐天皇は倒幕のために、武士たちに味方としてはせ参じよ、と文書を遣わした。ただし文書はやみくもに書けばよい、というものではない。作成するに当たって、いろいろと留意すべき約束ごとがあった。そのうちもっとも重要なことは、後醍醐天皇の尊厳を傷つけない、ということだった。そのために、天皇は侍臣になりきってまで、奉書形式の綸旨を出すことにした。受取人の立場がさらに低いと見なされた場合は、綸旨の形すら守れず、侍臣の名を用いた直状で、古文書学的な観点からは文書名をつけようもない、何とも奇妙な文書を出すことになった。前項まで、そう書いてきました。

Ａさんが所蔵する巨勢宗国あての文書は、後醍醐天皇がしたためた、ある意味、珍品中の珍品でした。それを発見したぞ、とぼくは有頂天になりました。ところが結果としては、その認識は半分は正しかったのですが、半分は正しくなかったのです。どういうことかというと、Ａさんに教えていただいたのですが、かつてこの文書が後醍醐天皇の筆によるものだ、と見破った学者がいたのです。けれども、その人の仕事は捨て去られた。業績もなかったことにされた。そうした過去があった上で、ぼくが何十年ぶりにもう一度発見した。そういう因縁があった。

仕事や業績が忘れられた学者。そう、お分かりでしょう。それは戦前の平泉澄《きよし》先生でした。先生の論文や著作は、戦後に皇国史観が否定されるとともに、東大の日本史研究室から廃棄され、先生の仕事を引き継いだ研究者もいなかった。彼らは大学の研究室から姿を消し、教科書調査官になっていくのです。そのため、この地域でこうした文書を発見した、などの細かな業績は忘れられていた。ただし、Ａさんのお宅には記憶が残り、それをぼくに伝えてくれたわけです。だから、A家の文書が後醍醐天皇の字であることを見つけたのは、あくまでも平泉澄。ぼくはそれに、もう一度注目したにすぎない、ということになります。残念！

まあ、ぼくの個人業績なんて、歴史学とか古文書学からすると瑣末《さまつ》なことですからおくとしましょう。ただ、先に紹介した「古い剣があったら献上してくれないか」と願う出雲大社あての文書、さらに巨勢宗国あてのこの文書のことを併せ考えると、隠岐から脱出して伯耆の船上山にいた頃に後醍醐天皇が発給している綸旨の中には、天皇が側近の蔵人などになりきって、実は自身で書いたものがあるのではないか、という推測が成り立つのです。おお！　これは大ごとだ。ぼくは急ぎ当該期の綸旨の字体の検討を始めたのです。すると……この推測は大当たり！　次々に後醍醐天皇直筆の綸旨が見つかりました。

これは何らかの形で、まあ論文や調査報告として、発表しよう。そんなことを考えながら検討を進めているとき、史料編纂所のある先輩所員が話しかけてきた。本郷くん、珍しく一生懸命文書を調べているけれど、何をしているの？　おお、よくぞ聞いてくれました。ぼくは興奮気味に答えました。これこれで後醍醐天皇の直筆文書がまとまって検出できそうなんですよ！　すると、先輩はなにそれ、と言わんばかりの表情で、吐き捨てるように言いました。私はねえ、南北朝時代の文書だろうが江戸時代の文書だろうが、天皇の文書だろうが農民の文書だろうが、どの文書もとても大切であって価値に差なんてないと思っています。

いや、これには参りました。歴史の主人公は織田信長とか坂本龍馬などの英雄ではなく、名もない一介の庶民であるべきだ。こういう考えにはたしかに一定の真理があるのでしょうけれど、何もそんな言い方しなくても。冷や水をぶっかけられた気になり、鼻白んだぼくは、後醍醐天皇の文書を追いかける作業を途中でやめてしまいました。その方は後に史料編纂所が持っている島津家文書の国宝指定に尽力されていました。あれ？　そこにこだわるんですか。国宝だろうが、重要文化財だろうが、指定のない文書だろうが、差をつけるのは違うんじゃなかったの？　正直ぼくはそう思わずにはいられなかった。平泉先生の皇国史観といい、おそらくこの方の奉じる唯物史観といい、ぼくが目指している中立的で客観的な歴史学なんてものは、存在しないのかもしれませんね。難しいところです。

さて、天皇が隠岐に流されていたときに、小さくなってしまった倒幕の火を守り抜いたのが、大塔宮護良親王でした。親王は武士たちに令旨を発し、「北条時政の子孫、北条高時を討て」と呼びかけます。その親王の命がけの行動と後醍醐天皇の奮闘は見事に実を結び、鎌倉幕府は倒れました。その結果、建武新政府が産声を上げたのです。

ここで注目すべきは、「朕が新儀は未来の先例」と言って、武士の政権参加を拒絶

◆後醍醐天皇を隠岐に流した北条高時

1303〜33年。得宗で9代執権、北条貞時の子として生まれる。母は安達氏。貞時は死去の際、実務を内管領長崎高綱・高資父子と安達時顕に委ね、高時は彼らの庇護のもとで成長した。高時は正和5（1316）年に14代執権となるが、政治はもっぱら長崎と安達が主導したものと考えられている。同時代の史書は、彼について「頗《すこぶ》る亡気（痴呆）の体」と酷評している。田楽と闘犬に興じる暗君とされているが、その実像が十分に解明されているとはいえない（北条高時像、東京大学史料編纂所所蔵模写）。

する全く新しい政権を構想した後醍醐天皇さえも、「新しい文書」を生み出せない、ということです。天皇自身がどれほど進取の考えをもっていても、大きく見ると伝統が支配する空間に存在する以上、文書のルールや様式に縛られる。そのことを指摘し、次につなげます。

権力者の私宅＝役所？

『徒然草』２０６段は、徳大寺実基《さねもと》という貴族の、実に興味深い話を記しています。ご紹介しましょう。

徳大寺公孝《きんたか》どのが検非違使別当を務められていた頃の話である。公孝邸の中門の廊で検非違使庁の話し合いが行われていたときに、検非違使の中でも下役人の中原章兼の（牛車《ぎっしゃ》を引くための）牛が牛止めのくびきから外れて、のそのそ動きだした。屋敷のうちに入っていき、段を昇って別当の座でくつろいで、もぐもぐと食物の反芻《はんすう》を始めてしまった。これは重大な怪異だ。牛を陰陽師のもとにやってお祓《はら》いをしなければ、とみんなが言っていると、太政大臣だった父の実基さまが聞きつけて、「牛に分別があるわけないだろう。足があるのだから、どこにだって昇る。薄給の官人から貧弱な牛を取り上げる必要はあるまい」と仰って、牛は官人に返し、寝そべっていた畳だけを取り換えた。そのあと凶事はまったくなかった――。

徳大寺実基が太政大臣になったのは建長5（1253）年のことなので、この話はそのころのものであり、貴族の中に実基のような、まじないや因習とかにとらわれない、合理的な思想をもつ人が出現してきた、という文脈で語られるエピソードです。それは間違いないことですが、よく読んでみると、他にも面白い点があります。

まず陰陽師のもとに送られた牛ですが、持ち主である官人のところには返ってこない前提で話が進んでいます。陰陽師は不吉を浄《きよ》めようと、ただお祓いをするだけでなく、牛を殺害するのか、あるいは業者に下げ渡すのか。

室町時代の『尺素往来《せきそおうらい》』には、武士がイノシシ、シカ、カモシカ、クマ、ウサギ、タヌキ、カワウソやさまざまな野鳥を食べていたことが記されています。また戦国時代、宣教師ルイス・フロイスの『日欧文化比較』には「ヨーロッパ人は牝鶏や鶉《うずら》、パイ、ブラモンジュなどを好む。日本人は野犬や鶴、大猿、猫、生の海藻などをよろこぶ」「われわれは犬は食べないで、牛を食べる。彼らは牛を食べず、家庭薬として見事に犬を食べる」と書かれています。つまりは牛は食用ではない。とすると皮革製品を作るために、専門の業者に卸されると考えるのが妥当でしょう。

日本人がどんな動物を食べてきたのか、という話は興味深いのですが、とりあえずここまでとして、他のポイントを。なんといっても、検非違使庁という役所のことです。

この話を読むと、検非違使庁はトップである徳大寺公孝の私宅に他なりません。そこに検非違使に任じられた役人がやってきて、業務をこなしている。ぼくたちは役所の建物が別にあって、そこには当然、検非違使別当のお部屋とかも設定されているのでしょうが、そのビルに別当を含めた検非違使が通っているとイメージする。ところがこれは大間違い。別当のプライベート空間が、すなわち役所なのです。

これと同じことが、実は幕府にも当てはまります。幕府という役所がとくにあるわけではない。あくまでも将軍の私邸。これが幕府の建物を兼ねる。御家人は将軍の邸宅にやってくる。ある者は、ここで執務をする。ある者は中で会議を重ねる。ある者はそうした建物に不審者がいないか、警備する。これが幕府といわれるものの実態です。

くり返しますが、将軍のことを鎌倉殿、と呼びます。幕府が出す重要な文書の下知状（大切さは下文につぐ）の締めの文句は「鎌倉殿の仰せによりて、下知くだんのごとし」となります。文書の差出人は執権と連署。この二人が将軍の判断にしたがって、幕府の意思を文書の受取人に伝達する。実のところは鎌倉殿＝将軍はお飾りで、執権と連署が差出人ではあるのですが。でも、ともかくここで「鎌倉殿」というのは、鎌倉の将軍という人格と、その将軍が住んでいる殿舎をひっくるめての命名なんじゃないか。

これは室町時代だと一層はっきりします。室町将軍が住んでいたのは、といっても3代の足利義満以降ですが、いわゆる「花の御所」ですね。これが室町殿という建物であり、将軍その人を室町殿という。しかも室町将軍はここに朝廷の機能も吸収して、「室町王権」をつくりあげる、ということになります。

江戸時代になると、武士はさらに大々的な建物を築くことができるようになる。つまりはお城ですね。室町時代までは日常生活を営む館と、敵に攻められたときに立てこもる「詰めの城」は別ものでした。ところが堀を深く掘り、石垣を高く積むことができるようになると、両者は同じ城の空間に包摂されるようになる。ですから江戸時代の将軍は、当然のように江戸城内に居住しているし、江戸城内でもろもろの政治が行われる。将軍の居住地は、イコール政治の中枢、幕府なのです。

ああ、牛の件でもう一つ付け加えましょう。牛の処置について徳大寺実基が口を出

◆天下人であり続けた豊臣秀吉

1537～98年。天正19（1591）年、秀吉は後継者の鶴松を失った。彼は失意のうちに、甥の秀次に関白職を譲った。だからといって天下人としての役割を全面的に秀次に任せたわけではない。先の関白を太閤ということがこれ以前にもあったが、秀吉は太閤殿下として、依然として天下人であった。そのため、やがてお拾い（後の秀頼）が誕生すると秀次はじゃまになり、その一族郎党、みな排除されることになった（豊臣秀吉像、東京大学史料編纂所所蔵模写）。

し、それが実施されています。検非違使別当は公孝ですから、命令権は彼にあるはず。実基の発言は今ならば、外野は黙ってろ、といわれる性格のもの。でも父子の上下関係がオフィシャルな関係に優越するところが、また日本的です。関白よりも太閤殿下が偉かったり、将軍でなく大御所が軍事・政治の決定権を握っていたり、極め付きは公的な場で天皇が上皇に頭を下げる。ああ、もちろんこれは中・近世の話で、現在の話ではありません。念のため。

一筋縄ではいかない事情

本書は本文と図版、図版についての短い説明（キャプションといいます）から成り立っております。本項でお話ししたいのは、本文と図版の関係性についてです。

第2章の〈『吾妻鏡』が書かない「粛清劇」〉で、ぼくは広常が上総国の一ノ宮である玉前《たまさき》神社に鎧を奉納していたことを記しました。頼朝がその鎧を検《あらた》めさせたところ、それは頼朝の武運長久を祈って納められたものだった。広常の謀反を疑って誅殺を命じた頼朝は、深く後悔した、という顛末《てんまつ》を紹介したわけですね。

一ノ宮というのは神社の格式で各国に存在するのですが、千葉県では地名にもなっています。戦前のこの地域には、神奈川県の大磯と並んで政財界や軍部の大物の別荘が多く建てられました。それで玉前神社には、一ノ宮ゆかりの著名人の書が大切に保管されているそうです。その書き手の一人が、海軍大将で第30代総理大臣、斎藤実《まこと》。ぼくはこの人と高橋是清が並んで写っている写真を見て、ああ、どちらも人生の重みを感じさせる立派な容貌をしているなあ、と感嘆したことがありました。それで彼の写真を図版に用い、キャプションを書きました。「君側の奸」の回（第２章の〈なぜ景時が弾劾を受けることになったのか〉）で二・二六事件に言及してもいたので（斎藤、高橋はともにこの事件の被害者）、ますます適当かなと思ったのです。

でも、これがまずかった。鎌倉時代初めの話と斎藤実は、どういう関係があるのか。もう少し分かりやすい図版にすべきだ、というお叱りが産経新聞の上の方から寄せられたのです。

確かにそうですね。仰るとおり。実は以前にも、もはやうろ覚えなのですがプロのライターを名乗る方から、なぜ本文とは関係の薄い図版を選ぶのだ、とのお叱りをネット上でいただいたことがあります。でもそこには一筋縄ではいかない事情もあるのです。

　現在、読者諸兄姉はつとにお聞き及びとは思いますが、新聞や書籍など、紙を用いた印刷物はとにかく売れません。ぼくの書籍ももちろん例外ではありませんが、これについては呉座勇一さんの『応仁の乱』などのヒット作が存在する以上、身の不徳のいたすところ、と猛省しなければなりません。ただ、新聞各紙が軒並み部数を減らしているのは……。若い世代が新聞を読まない、取らないという話は有名ですし、どの新聞も例外なく、という状況を見ると、時流には逆らえない、といった要素があるのではないでしょうか。

　一方で、文化財や歴史資料の所蔵者の権利は、年を追うごとに強くなっています。こうした権利はしっかりと守られなければならない。具体的に言うならば、図版として利用するときには、許可を得た上に、相応の対価を支払わなければなりません。たとえばお寺や神社が、何百年も文化財を大切に保管してきた。そこに敬意を払うのは当然のことですね。

　加えて、現在は博物館などからも同様の措置を求められます。経営に本当に苦労されている私立の博物館であればそれはもう理解せざるを得ないのですが、東京国立博物館のような公的な存在であっても、所蔵品を図版として使用するのには相当な金額が必要です。具体的な数字を出すのは下品ですが、こういうことに縁のない方には想像しづらいでしょうから、ぼくの場合を例示します。数年前のことになりますが、自分の本への図版掲載の許可を同館に申請したところ、1点につき4万円ほどを請求されました。本が売れない状況を鑑《かんが》みるに、そんな余裕があるわけはない。出版社と相談の上、諦めました。

それ以来、ぼくはこうした申請は行っておりません（どうしても必要な場合は、各出版社が懇意にしているイラストレーターさんに絵を描いていただく）が、このようなお金は日本国民の貴重な財産を次代に引き継ぐために必要である、との説明を受ければ反論のしようはありません。ただ、やはり利用（もちろん使うのは写真ですので、文化財の現物に負担を与えるわけではありません）は難しくなります。こうした文化遺産をわが国はご先祖さまから継承していますよ、と広く知ってもらう良い機会だと思うのですが。全国の公的な博物館が東京国立博物館を模範とし、同じような方式を導入していることも、正直に申しますと、実につらいと言わざるを得ない。

上総広常に話を戻しますと、彼が玉前神社に奉納したのは、大鎧という古式の甲《かっ》冑《ちゅう》だったでしょう。その現物は伝わっていませんが、他の大鎧の実物を図版で紹介し、これは騎乗を前提に作られた装備だからここの箇所が……、等の説明をするのが王道であることは分かっています。でも、古い大鎧を所蔵されている神社や博物館に掲載の許可をいただいて所定の金額をお支払いする、もしくはお金は不要と言ってくださる所蔵者を探し出す。そうしたいのは山々ですが、一項目のためだけに、経費を使うこともマンパワーを割くことも、残念ながら現実的ではない、ということになるのです。

ない袖は振れない、という何とも木で鼻をくくったような言葉がある一方で、必要は発明の母、とも言います。工夫こそが、問題解決のカギになるのではないか。ぼくたちは本文はもちろん、図版でも「おお、そうきたか」と諸兄姉に膝を打っていただけるような努力を続けるつもりです。ご理解の上、変わらぬご声援の程、よろしくお願い申し上げます。

追伸……ホンゴウの原稿料を削ればすむ話では？との疑問があるかもしれませんので付記しますと、掲載に必要な金額は、ホンゴウのギャラを優に超えているのが実情です。念のため（苦笑）。

本書は、産経新聞に連載中の「本郷和人の日本史ナナメ読み」のうち、前著『「違和感」の日本史』（産経新聞出版）収録分以降の2021年3月4日〜22年12月8日掲載分を再構成し、加筆修正したものです。

本文の注は編集部によるものです。

本郷和人（ほんごう・かずと）

東京大学史料編纂所教授。1960年、東京都生まれ。東京大学文学部、同大学院で石井進氏、五味文彦氏に師事し日本中世史を学ぶ。専門は中世政治史、古文書学。博士（文学）。史料編纂所では『大日本史料　第五編』の編纂を担当。2016年、『現代語訳　吾妻鏡』（全巻17冊、吉川弘文館）で第70回毎日出版文化賞（企画部門）を五味氏らと受賞。著書に『中世朝廷訴訟の研究』（東京大学出版会）、『日本史を疑え』（文春新書）、『最期の日本史』（扶桑社新書）、『徳川家康という人』（河出新書）、『歴史学者という病』（講談社現代新書）など多数。本書の姉妹編に『「違和感」の日本史』『怪しい戦国史』（産経新聞出版）、『戦国武将の選択』（産経ＮＦ文庫）がある。

鎌倉幕府の真実

令和５年３月25日　第１刷発行

著　　者　本郷和人
発 行 者　皆川豪志
発 行 所　株式会社産経新聞出版
〒100-8077 東京都千代田区大手町1-7-2 産経新聞社８階
電話　03-3242-9930　FAX　03-3243-0573
発　　売　日本工業新聞社　電話　03-3243-0571（書籍営業）
印刷・製本　株式会社シナノ
電話　03-5911-3355

ISBN　978-4-8191-1422-6　C0021
